Mut steht am Anfang des Handelns,
glück am Ende.

Demokrit

Angelika Bungert-Stüttgen

Geschichten aus dem Freiraumbus

Vom Aufbrechen und anders Ankommen

Druck und Distribution im Auftrag der Autorin:
tredition GmbH, Heinz-Beusen-Stieg 5,
22926 Ahrensburg, Deutschland

Inhalt

Mit * gekennzeichnete Stellen verweisen auf Seite 206.

Ich grüße Dich!

Der Freiraumbus ist mein kleines Wohnmobil. Er kam 2014 in mein Leben. Seitdem habe ich weit mehr als eintausend Nächte darin verbracht, sagt mein Bustagebuch. Ich weiß noch, dass ich mir in der Nummer #1, der allerersten offiziellen Nacht vor Angst fast in die Kutte gekackt habe. Ich muss das zum Einstieg so krass formulieren, weil ich damals dachte, ich hätte eine teure Fehlentscheidung getroffen. 1062 Nächte später bin ich sicher: Den Freiraumbus zu kaufen war und ist die beste materielle Entscheidung meines Lebens. So viele wunderbare, erkenntnisreiche, warme, wilde, laute, leise und auch doofe Geschichten durfte ich einsammeln. Meine Erinnerungs-Schatztruhe ist reich gefüllt. Daraus kann ich schöpfen, wenn das Leben mir anspruchsvolle Zeiten vorbeischickt.

Meine Geschichten sind wie die Bernstein-Nuggets, die ich so gerne sammle. Total unterschiedlich in Größe, Form und Aussehen. Du findest in diesem Buch meine persönliche Auswahl an Nuggets, die ich mit dem Freiraumbus (der ja ein Ford Nugget ist) erlebt habe. Ich habe sie chronologisch auf dem Zeitstrahl der letzten zehn Jahre aufgereiht.

Deine Freiraumfrau ♡

Mai 2024

1997 – Wie alles anfängt

Der erste magische Moment
Sommer 1997 – British Columbia

Majestätisch reihen sich die weiß gepuderten Bergspitzen der Rocky Mountains vor mir auf. Es fühlt sich so an, als ständen sie nur für mich Spalier. Die große Panoramascheibe erlaubt einen gigantischen Blick in die Weite dieser großartigen Natur.

Ich bin schockverliebt in diese für mich bislang unbekannte Reiseform. Mein Herz glitzert vor Freude. Entspannt lege ich meine Ellbogen auf den Armlehnen ab und steuere das geliehene Wohnmobil den Highway entlang.

Es ist das Jahr 1997 und ich wohne mit meiner Familie für neun Monate in Vancouver. Das Gefühl von Weite, das ich in Kanada erlebe, ist für immer in meiner Erinnerung verankert.

Hier beginnt mein Traum vom Freiraum.

2013 – Perspektivwechsel beim Fasten

Der zweite magische Moment
November 2013 – Sylvensteinspeicher

„Camping ist nichts für mich!",
denke ich jeden Morgen im Vorbeigehen.

Nebelschwaden hängen in der Luft. Noch ist es dunkel.
Der Weg hinunter zum See führt durch den Wald, quer
über den Wohnmobilstellplatz. Es ist kalt und trotzdem
stehen hier ein paar einsame Wohnmobile.

Schon skurril, welche Gedanken ich bewege. Kanada
habe ich vollkommen vergessen. Mein Kopfkino spult Vor-
urteile von Gartenzwergen und Dauercampingplatz-
idyllen ab.

Ich wische den Gedankenmüll beiseite, schließlich bin ich
hier am Sylvensteinspeicher zu einer Fastenkur. Dringend,
ganz dringend brauche ich Tapetenwechsel. Oder besser gesagt, ich brauche den Perspektivwechsel.

Ich habe ein Herzensthema, das mich quält, weil nichts
vorangeht. Ich träume von einem spirituellen Ort, an dem
meine Seele auftanken kann. Meine Vision ist ein Haus
am See. Weil nur träumen zu wenig ist, läuft seit über einem Jahr die Immobiliensuche. Alle Seen im Münchner
Umfeld habe ich bereits abgegrast und schon viele Ob-
jekte besichtigt. Ich wage es sogar meinen Traum in
meinem Netzwerk zu teilen. Statt Ermutigung bekomme
ich Gegenwind. Ich solle ruhig weiter träumen.

Die Reaktionen entmutigen mich und vergrauen meine Stimmung. Nun ist mein Kopf frustriert und gleichzeitig quengelt mein Herz, ich solle weitersuchen. Vielleicht hilft mir das Fasten dabei, Abstand zu meinem Anliegen zu gewinnen. Wenn mein Körper entgiftet, dann hilft das hoffentlich auch meiner Seele.

Ich stehe beim Morgenritual inmitten meiner Fastengruppe am Rand des Speichersees. Auf einmal, ganz langsam, blinzelt die Sonne über die gegenüberliegende Bergkuppe. Der erste Strahl wandert über den See. Die Sonne löst sanft die Nebelschwaden auf, die über der Wasseroberfläche schweben.

„Der See erscheint, wenn die Nebel sich lichten", denke ich. Genau in diesem Moment sagt Ute, unsere Fastenleiterin, ob uns bewusst sei, dass das Wort NEBEL rückwärts gelesen LEBEN ergeben würde. Ich bin in der Seele berührt und spüre diesem wunderbaren Satz auf dem Rückweg nach.

Sonst laufen wir morgens schweigend zurück. Doch heute Morgen wieder beim Passieren der Wohnmobile, sagt eine Mitfasterin, die neben mir geht, auf einmal, sie hätte ein Wohnmobil. Bevor sie ihres gekauft habe, hätte sie zum Test mal eins gemietet. Ihr Satz trifft mich mitten ins Herz.

In meinem Kopf beginnt das Gedankenkarussell zu rotieren. Am nächsten Tag, beim Spaziergang am Speichersee bitte ich sie mir mehr von ihrem Wohnmobil zu erzählen. Sie berichtet und ich frage ihr Löcher in den Bauch. Wir sind total ins Gespräch versunken und schauen erst wieder auf, als der Parkplatz an der Wasserwacht vor uns liegt. Dort parkt ein kleines, kompaktes Wohnmobil. Es ist dunkelgrau und hoch und hat keine Wohnmobil-Nase. Wir grinsen uns an. Das ist ein Zeichen! Natürlich müssen wir das Gefährt aus der Nähe inspizieren, wobei inspizieren in meinem Fall falsch ist. Ich drücke mir gleich die Nase an der Scheibe platt. Sitzbank und Tisch. Darauf ein Espressokännchen und eine Tasse. Die kleine Küche ist L-förmig angelegt. Ich kenne den klassischen VW-Bus mit Küchenzeile an der Außenwand entlang, doch so eine Aufteilung habe ich noch nie gesehen. Das hier ist ein Ford-Nugget und mein Innenarchitektinnen-Herz ist hingerissen.

Genau in diesem Moment haucht meine Seele: „Wie wäre es, wenn dein Haus am See Räder hätte?"

Meine Seele ist so klug. In diesem magischen Augenblick trifft sie ihre Entscheidung.

Mein Kopf ist noch lange nicht so weit. Er braucht noch. Mindestens eine Recherche und eine Probefahrt, meint er, müsse sein. Sehr wahrscheinlich brauche er auch noch den Besuch auf der nächsten Caravan-Messe in Stuttgart.

2014 – Mein Haus am See hat Räder

Drei – zwei – eins

11./12. Januar 2014 – Sylvensteinspeicher

Morgens hole ich den Mietnugget bei einer Verleihstation am Kochelsee ab. Nach der intensiven, zweistündigen Einweisung fahre ich vom Hof. Meine erste Mutprobe ist der nächste Supermarktparkplatz. Danach ist der Sylvensteinspeicher mit seinem Nachtparkplatz mein Ziel.

Das Außenthermometer sagt, es hat minus fünf Grad. Drinnen tuckert die Dieselstandheizung und bringt kuschelige zwanzig Grad. Wenn ich mich auf das Abenteuer Wohnmobil einlasse, dann will ich auch testen, ob ich mich traue, im kalten Winter unterwegs zu sein. Im Sommer reisen kann ja jede!

Die Wege sind voller Eis und Schnee. Ich suche mir einen schönen Platz, parke mutig rückwärts ein, ohne herabhängende Äste zu erwischen. Bei meinem letzten Besuch im November waren wenigstens noch ein paar Wohnmobile hier. Jetzt stehe ich mutterseelenallein im Wald. Das fühlt sich surreal an.

Ich koche mir eine Tasse Tee und klappe dann mein Laptop auf. Mein Internet-Stick ist bereit für mobiles Arbeiten, aber leider ist der Empfang hier oben grottenschlecht.

Die Nacht wird unruhig. Die Matratze ist mir viel zu dünn und zu hart. Das kann ja heiter werden. An Schlaf ist eher nicht zu denken. Meine hochsensiblen Elefantenohren sezieren jedes Geräusch. Das durchgängige Klackern der Standheizung nervt und brummen tut sie auch. Keine Ahnung, ob das normal ist? Draußen knackt und raschelt der Wald. Ich habe Angst, dass da jemand ums Auto schleicht. Mein Herzchen schlägt mir zum Hals hinaus. Mein Kopf meckert und stellt Wohnmobilfahren grundsätzlich in Frage. Ich spreche mir innerlich Mut zu.

Es ist höllisch glatt, als ich im allerersten Morgenlicht durch den Wald hinunter zum Speichersee schlittere. Ich hätte besser Wanderschuhe einpacken sollen.

Ganz allein stehe ich da und schaue zu, wie die Sonne sich langsam über dem zugefrorenen See erhebt. Ich erlebe den nächsten magischen Moment. Mein Herz jubelt vor Freude und sagt, davon will ich mehr! Nun stimmt auch mein Kopf zu. Meine Seele wusste schon die ganze Zeit Bescheid: **Mein Haus am See hat Räder!**

Meins!
3. Februar 2014 – München

Einen Messebesuch und zwei Angebote später unterzeichne ich den Kaufvertrag: Meins!
Mein Wohnmobil.
Mein Nugget.
Mein Haus am See hat Räder.

Mein Wohnmobil-Abenteuer beginne ich erst im Frühling, wenn Eis und Schnee getaut sind. Am achten April werde ich meinen Ford Nugget in Wunsiedel abholen. Bis dahin bleibt genug Zeit, um Zulassung und Versicherung zu organisieren.

Die allererste Nacht
#1 am 8./9. April 2014 – Wunsiedel

Mir raucht der Schädel. Heute ist Abholtag. Mein Händler erteilt eine Rundum-Einweisung vom Allerfeinsten. Das dauert drei Stunden mit allem Schnick und Schnack. Mit schweißnassen Achselhöhlen fahre ich danach meinen nagelneuen Ford Nugget endlich vom Hof.

Weil die blaue Gasflasche ein Zubehörteil ist und somit leider fehlt, lotst mich das nagelneue Navi in den Nachbarort zu einer Sanitärfirma. Mir ist mulmig zumute, als ich in diesem verwinkelten Örtchen parken muss. Nur Bares ist Wahres und ich habe zu wenig davon dabei. Mit Charme überzeuge ich den Chef, mir die Flasche auf Rechnung zu überlassen. Nun muss sie nur noch eingebaut werden. Werkzeug? Fehlanzeige! Also fahre ich zurück zum Händler und habe das Glück, kurz vor Feierabend noch jemanden zu erreichen, der mir die Gasflasche einbaut.

Dann endlich fahre ich wirklich von dannen, aber nur ums Eck auf den Wohnmobilstellplatz. In dieser allerersten Nacht kacke ich mir vor Angst fast in die Kutte. Jedes Geräusch lässt mich panisch aufschrecken. Mein Herz hätte jedes EKG-Gerät in den Wahnsinn getrieben. An Schlaf ist nicht zu denken. Habe ich eine teure Fehlentscheidung getroffen? Das fängt ja heiter an.

Der Morgen nach dieser denkwürdigen ersten Nacht begrüßt mich mit strahlendem Sonnenschein. Verflogen sind die Spinnweben meiner nächtlichen Panik. Dank nagelneuer Gasflasche koche ich meinen allerersten Kaffee. Mein allererstes Frühstück poste ich stolz auf Twitter. „Essen auf Rädern", feiert mich eine Twitterfreundin.

Der Anfang ist gemacht. Die Nummer #1 steht in meinem Reise-Logbuch. Da hinein notiere ich nun Datum und Ort sowie wichtige Begebenheiten und wie gut das Internet ist. Mir ist klar, dass ich von ganz vielen Dingen keine Ahnung habe. Hier und heute entscheide ich, alles der Reihe nach zu lernen und zwar dann, wenn es nötig ist. Schritt für Schritt begebe ich mich ab jetzt ins Neuland.

Namensfindungstag
#2 am 9./10. April 2014 – Mehlmeisel

„Schwappi", taufe ich meine Chemietoilette, nachdem ich das mit dem Leeren auf dem Campingplatz geübt habe. Dank Internetforen weiß ich auch schon den ultimativen Trick, um das Fassungsvermögen zu optimieren. Ich sammle das benutze Klopapier in einer separaten Box. Ein guter Tipp, der sich bewähren wird.

Die viel wichtigere Namensfindung kläre ich auch an diesem Tag: „Wie soll der Ford Nugget denn heißen?" Es muss unbedingt irgendwas mit Freiraum sein. Klar. Logisch! Eigentlich einfach: „Ich taufe ihn Freiraumbus!" Die Freiraumfrau fährt Freiraumbus!

Quadratisch, praktisch, hoch
#3 am 10./11. April 2014 – Regensburg

Mit wild rotierenden Armbewegungen und Panik in den Augen will der Mann auf dem Parkplatz des schwedischen Möbelhauses mich in die Lücke einweisen. Die Parksituation ist angespannt, da große Teile des Platzes wegen Bauarbeiten abgesperrt sind. Mein Freiraumbus ist ein sehr kurzes Wohnmobil. Doch seine Höhe von 2,85 Metern wirkt im ersten Augenblick bedrohlich.

Rückwärts einparken klappt mit Hilfe der beiden Außenspiegel auf Anhieb. Mein Nugget passt in jede normale Parklücke. Nach hinten hilft mir der Rückfahrsensor. Der Mann mit der Panik in den Augen ist keine Hilfe, auch wenn ich ihn verstehen kann. Es ist sein Auto, neben dem ich einparke.

Mein erster Geburtstag im Nugget
#11 am 25./26. Mai 2014 – Kloster Weltenburg

„Das Übernachten ist hier verboten!", sagt der Parkwächter vom Klosterparkplatz in Weltenburg, als der Freiraumbus vorfährt, um dann im gleichen Atemzug hinzuzufügen, dass er nichts machen könne, wenn wir nach einer alkoholreichen Einkehr im Klosterbräu am Abend nicht mehr weiterfahren könnten. Schließlich müssten wir ja dann die Verkehrstüchtigkeit wieder herstellen.

Wir – das sind mein Mann und ich – müssen schmunzeln. Der Parkwächter auch. Auch wenn es sich mulmig anfühlt, vertrauen wir ihm und riskieren es, über Nacht zu stehen. Was, wenn doch jemand kommt und uns vertreibt? Kopfkino kann ich jedenfalls.

Doch die Nacht bleibt ruhig, sozusagen als mein Geburtstagsgeschenk. Nach dem Frühstück und einem Besuch des Klosters feiern wir meinen Geburtstag mit einer Radtour an der Donau.

Aquarellkurs
#21 am 21./22. Juni 2014 – Regensburg

Drei Tage Auseinandersetzung mit Aquarelltechniken liegen hinter mir. Intensive Tage, die mich mental und künstlerisch über meine Grenzen gebracht haben.

Nach anfänglichen Schwierigkeiten ergattere ich doch noch einen Parkplatz direkt am Donauufer. Frei stehen, das ist für mich noch sehr anspruchsvoll.

Vor mir fließt entspannt die Donau vorbei. Ich übe mich darin, diesen schönen Blick wahrzunehmen, derweil hinter mir Menschen den Parkplatz kreuzen, die Regensburg einen Besuch abstatten wollen.

Das Malen bringt die Erkenntnis meiner eigenen Begrenzung. Ich lasse mich zu stark vom Stil der anderen Teilnehmenden ablenken. Überstimulation ist die Folge.

Dazu gesellt sich der touristische Trubel um mich herum. Ich hasse es, wenn mir jemand beim Malen ungefragt über die Schulter schaut und schlaue Ratschläge abgibt. Ich wünsche mir kreative Leichtigkeit und bin doch erdenschwer.

Am Nachmittag setze ich aus und mache eine schnelle, farbige Skizze nach alter Manier: „Zurück in meine Komfortzone?"

Nein! Neuland zu betreten, das bedeutet innehalten und sortieren. Ich erkenne, ich habe mir zu viel vorgenommen. Entwicklung entsteht durch Üben und Geduld, eben Schritt für Schritt.

Jahreshalbzeit
#23 am 1./2. Juli 2014 – Walchensee – Kochelsee

Mein Blick kann in zwei Richtungen schweifen, so wie der erste Juli das Jahr in zwei Hälften teilt. Jahreshalbzeit. Wo sind die Monate geblieben?

Ich suche Weitblick für meine Gedanken und verlasse die Stadt mit dem Freiraumbus; entscheide, die Bergbahn auf den Herzogstand zu nehmen.

Intuitiv habe ich den richtigen Berg ausgesucht, passend zu diesem Tag. Gefühlt in der Mitte stehe ich zwischen dem blauen Voralpenland und der Bergkulisse im Hintergrund. Türkis leuchtend wie ein Edelstein liegt der Walchensee zu meinen Füßen.

Ich spüre Dankbarkeit und Freude. Das erste Halbjahr brachte mir mein Haus am See auf Rädern. Den Rest des Jahres werde ich immer wieder damit unterwegs sein. Wow, so langsam begreife ich, was für ein Geschenk ich mir da selbst gemacht habe.

Abends entscheide ich mich für den Campingplatz am Kesselberg und genieße den Blick auf den Kochelsee. Erst das aufziehende Gewitter treibt mich zurück in den Bus.

Mutig gehe ich am nächsten Morgen im sehr kalten Kochelsee eine Runde schwimmen. Noch mutiger finde ich die vielen Bundeswehrsoldaten, die an einer Übung teilnehmen. Sie purzeln an tarngrünen Fallschirmen hängend wie Pilze aus dem Hubschrauber, bevor sie komplett in Uniform in den See eintauchen und von einem Boot wieder eingesammelt werden. Sie sind eh schon nass, da stört der einsetzende Regen nicht.

Das Regenwetter ist genau richtig für den Besuch des Franz Marc Museums in Kochel, der auf meiner Löffelliste steht. Das ist eine Liste, auf der Dinge notiert sind, die ich noch machen will, bevor ich den Löffel abgebe.

Den 2008 eingeweihten Museumsanbau will ich schon lange besichtigen. Mir gefällt die architektonische Verbindung von außen und innen durch die großen Fensterfronten. Die Natur wird hier selbst zum Bild im Raum. Die intensiven Bilder von Franz Marc mag ich sehr.

Beim Besuch des Museumscafés sinniere ich bei einem Kaffee über Kunst und träume davon, dass meine Bilder eines fernen Tages auch mal in einem Museum hängen.

Blaues Land
#24 am 2./3. Juli 2014 – Freilichtmuseum Glentleiten

Der nächste Morgen grüßt mit strahlend blauem Wetter. Ich verliebe mich erneut in den wunderbaren Weitblick und die Farben des Blauen Landes. Wieso eigentlich Blaues Land? Der Begriff entstand durch die Künstlergruppe Blauer Reiter rund um Franz Marc. Ein Grund ist sicher auch, dass die Farbstimmung der Berge im Sonnenlicht bläulich schimmert. Sie inspiriert mich und so greife ich beim Aquarellieren verstärkt zu den Blautönen. Selbst der eine oder andere Grünton verträgt einen Klecks Blau.

Für das Freilichtmuseum Glentleiten habe ich nun eine Jahresmitgliedschaft erworben. So kann ich guten Gewissens die Möglichkeit des Übernachtens auf dem Museumsparkplatz annehmen.

Im Regensee
#25 am 10./11. Juli 2014 – Uffing am Staffelsee

Ein lautstarker Platzregen weckt mich frühmorgens. Das mit dem nochmals Einkuscheln wird heute nichts. Der Blick aus dem Fenster lässt meinen Blutdruck schlagartig ansteigen. Der Freiraumbus und ich stehen in einem großen Regensee. Sozusagen: „Mein Haus im See hat Räder!" Dabei habe ich extra bei der Anreise in der Rezeption gefragt, ob es an dieser Stelle feucht oder schlammig werden kann. Aus gutem Grund, denn andere Camper hatten im Internet berichtet, dass sie bei starkem Regen mit dem Traktor heraus gezogen werden mussten. Nein, nein, das sei alles kein Thema mehr, hieß es bei der Anmeldung. Sie hätten in dem Bereich, wo ich stehen wolle, die Drainage neu verlegt.

Die aktuelle Situation erzählt leider eine andere Geschichte. Das Herz schlägt mir vor Sorge zum Halse raus. Kann ich meinen Bus ohne Abschlepphilfe aus dem Regensee manövrieren? Das Elektrokabel, das sich munter durchs Wasser vom Bus zum Stromanschluss schlängelt, stresst mich zusätzlich. Barfüßig stapfe ich durch den See, um den Bus vom Strom zu befreien. „Jetzt bloß keinen Stromschlag!", bete ich und steige mutig hinters Steuer und, oh Wunder, die Räder greifen und ich kann mein temporäres Amphibienfahrzeug auf trockenes Gelände umparken.

Nach dem Schreck in der Morgenstunde bringt ein Spaziergang die Beruhigung meiner Nerven. Erst danach kann ich mich mit dem beschäftigen, für das ich eigentlich hergefahren bin. Einmal im Monat widme ich mich meinem Business: Ich entwickle neue Konzepte, überarbeite meine Angebote und feile an meiner Webseite.

Im Freiraum arbeiten
#26 am 15./16. Juli 2014 – Hofheim am Riegsee

Trotz Hochsaison habe ich Glück und kann für eine Nacht die geniale Aussicht von einem der Premiumplätze genießen. Der Campingplatz am Riegsee besticht wahrlich durch seine idyllische Lage. Zudem erfreut bayrisch blauer Himmel über dem See mein Herz. Genau da, wo andere gerade ihren Urlaub verbringen, sitze ich mittendrin und widme mich meiner Arbeit. Ich komme einfach zu anderen und besseren Ergebnissen, wenn ich im Freiraum arbeiten darf. Spannend, welche Erkenntnisse ich gewonnen habe, seit ich mit dem Freiraumbus unterwegs bin.

Ich bin ganz sicher, ich will mich Schritt für Schritt zu einer Art digitalen Nomadin entwickeln: Unabhängigkeit von örtlichen Gegebenheiten ist mein Ziel.

Twitterfreundschaften
#31 am 6./7. August 2014 – Köln – Bremen – Hamburg

Twitter bringt Menschen zusammen! Menschen, die ich bisher nur aus Social Media kenne, will ich auf meiner Reise quer durch Deutschland treffen. Warum? Weil sie so wertschätzend kommentierten, als ich von meinem neuen Freiraumbus erzählt habe.

Vor jeder Begegnung bin ich unfassbar aufgeregt. Neue Orte, an denen ich einen Parkplatz finden darf und natürlich die Frage, wer wird mir gegenüber sitzen? Wird das komisch oder interessant? Und jedes Mal werde ich reich beschenkt. Mit zwei Twitterfreunden sitze ich stundenlang bei allerschönstem Wetter in einem Café in Köln-Ehrenfeld. In der Nähe von Bremen darf der Freiraumbus bei Petra im Garten zwischen Bäumen parken. Lange sitzen wir vor dem Haus bei einem tiefgründigen Gespräch.

In Hamburg habe ich unter dem Hashtag #TwitterNord ein Treffen mit lauter tollen Frauen organisiert. Wir sind verabredet in der Speicherstadt im „Schönes Leben". Zehn wunderbare Frauen sitzen da um den langen Tisch. Sie sind in echt genau so, wie ich sie mir durch unsere virtuellen Begegnungen vorgestellt habe. Es wird ein sehr schöner Abend, voller Lachen, feinen Geschichten und einer Unterhaltung mit Tiefgang.

Leider habe ich auswärts geparkt und mich nicht mit dem Freiraumbus in die Speicherstadt getraut. Das werde ich erst viele Jahre später (#1052) nachholen. Das bedeutet, dass ich heute noch eine Fahrradtour durch das nächtliche Hamburg vor mir habe, bis ich wieder daheim bin.

Alles bleibt anders
#32 am /./8. August – Hamburg

Sehr gefreut hat mich die Postkarte, die mir Michaela zum Abschluss des feinen Netzwerkabends in Hamburg schenkt. Darauf steht: „Alles bleibt anders!" Zuerst bin ich ziemlich irritiert. Was soll denn anders bleiben, frage ich mich? Der Freiraumbus ist doch jetzt da. Jetzt wird sich nichts mehr ändern. Die Karte müsste doch eigentlich „Alles ist klar" heißen, oder? Meine Irritation bringt mich ins Grübeln. Ich spüre nach, weshalb ich mit dem Satz so in Resonanz gehe. Wie ist das noch mit dem Leben?

Das ändert sich ständig. Vielleicht werde ich genau das auch auf meinen Reisen erkennen? Dass sich die Dinge ändern; ich älter werde; Orte sich wandeln. Das Wetter den Jahreszeiten folgt; Frühling sich anders anfühlt als Winter. Jetzt verstehe ich die wesentliche Botschaft dieser Karte. Ich klebe sie in meinen Freiraumbus und dort hängt sie seitdem!

König der Löwen
#33 am 8./9. August 2014 – Hamburg

Zum krönenden Abschluss dieser wundervollen Netzwerktage in Hamburg gönne ich mir die vorletzte Karte für die Vorstellung von „König der Löwen" heute Abend. Schon die Überfahrt von den Landungsbrücken zum Musical-Ort bei Abenddämmerung ist wundervoll. Dann sitze ich mittendrin in einem Feuerwerk aus Musik und Kostümen. Ich tauche ein in die Geschichte vom kleinen Löwen, der ein großer König wird. Ich bin wie verzaubert. Wie auf Wolken schwebend trete ich anschließend im Licht des Vollmonds die erste Etappe meiner nächtlichen Heimreise nach München an.

Vier Giraffen
#37 am 20./21. August 2014 – Stralsund

Zu viert im Freiraumbus wohnen, das ist so, wie wenn vier Giraffen auf der Fläche eines Badehandtuchs umeinander turnen. Ich bin übrigens die kleinste Giraffe in meiner Familie. Wer mich kennt, kann sich vorstellen, wie groß die anderen sind. Jedenfalls übernachten wir bei der

Anreise zu unserem Urlaub in einer Ferienwohnung auf Rügen genau zwei Mal als Familie im Freiraumbus. Klar, dass es dann auch noch draußen wie aus Eimern schütten muss. Da machen der Umbau der Betten und das Sortieren von vier Menschen erst recht keine Freude.

Wieso habe ich eigentlich ein Wohnmobil und buche Urlaub in einer Ferienwohnung? Hier auf Rügen gäbe es schöne Campingplätze mit Weitblick.

Mich nervt, dass jeder sein eigenes Ding machen will? Einerseits wichtig in der Pubertät, doch für mich fühlt sich das an, wie auf einer Streckbank. Unterschiedliche Befindlichkeiten ziehen mich in unterschiedliche Richtungen. Es wird Zeit für Veränderung. Meine Familie guckt ziemlich verdutzt, als ich verkünde, dass das mein letzter Familienurlaub ist. Ab jetzt mache ich Urlaub im Freiraumbus und der ist nun mal nicht für uns vier Giraffen geeignet.

Splitterkeile
#39 am 23./24. September 2014 – Hofheim am Riegsee

Ein lauter Knall und mein Freiraumbus steht unsanft eine Etage tiefer. Meine eh schon angespannten Nerven drehen nun gänzlich durch. Ich steige aus und betrachte fassungslos das Desaster.

Der nagelneue, blaue Auffahrkeil ist in tausend Splitter zerborsten. Ich habe Angst, dass ein Splitter im Reifen steckt und der dann gleich noch einen Platten hat. Ich bin auf dem schönen Campingplatz am Riegsee. Bei meinem letzten Besuch hatte ich mir die Nummern der seitlichen Stellplätze mit dem spektakulären Blick in die Berge notiert. Und auch, dass der Untergrund sehr uneben ist. Klarer Fall für meine nagelneuen Auffahrkeile. Nicht die voluminösen, gelben, die ich bei großen Wohnmobilen gesehen habe. Nein, meine sind blau und kompakter, denn sie müssen auch noch in meinem kleinen Nugget verstaut werden.

Es ist anspruchsvoll, ohne Hilfe auf Keile zu fahren. Erst muss ich sie vor den Reifen ausrichten und dann gefühlvoll langsam hinauf fahren. Natürlich nur so weit, bis die Räder an der Kante der Keile stehen. Ich habe echt Schiss, dass ich darüber hinaus fahre. All das gelingt mir ganz wunderbar. Doch dann folgt der große Schock.

Mein Hirn skizziert Horrorszenarien, während ich die Massen von blauen Splittern einsammele. Das ist das superschnelle Ende des Aufkeilens. Der zweite Keil fliegt mitsamt Splittern in den nächsten Mülleimer. Da schlafe ich lieber in einem schräg stehenden Nugget, als mir diesen Stress noch mal zu geben. In Zukunft keine Keile mehr!

Zwei Dinge ärgern mich sehr an diesem Tag. Erstes: Ich tue mich schwer, den inneren Stress wieder loszuwerden. Locker Wegatmen darf ich üben. So bin ich lange aufgewühlt und das hält mich von dem ab, weshalb ich hier bin: Arbeiten im Freiraum. Zweitens: Mein Reklamationsanruf beim Campingausstatter ergibt, dass sie sich für den geplatzten Keil nicht zuständig fühlen und keine Erstattung anbieten.

Von Außen sieht so ein Tag im Freiraum herrlich aus. Doch innen drin lebt heute das genaue Gegenteil: Beklemmung. Das ist die Schattenseite meiner Freiraum-Experimente.

Jahreswechsel
#48 am 31. Dezember 2014/1. Januar 2015 – Bad Tölz

Nach einem leckeren Sushi im Freiraumbus stapfen mein Mann und ich im Schnee auf den Kalvarienberg zur Leonhardikapelle. Dort oben ist ein spektakulärer Ort, um das Silvesterfeuerwerk zu betrachten.

Auf Wiedersehen 2014.
Du warst ein besonders schönes Jahr.

Die Neujahrsnacht endet unsanft im Morgengrauen. Ein durchgeknallter Autofahrer zieht mit quietschenden Reifen Schleuderkreise über die vereiste Fläche des Wohnmobilstellplatzes. So ein Idiot!

Willkommen 2015!
Ich bin gespannt, was du alles bringen wirst.

2015 – Das Mayamännchen reist mit

Meine Reise in die Keksfabrik
#52 am 19./20. Februar 2015 – Verden an der Aller

„Wir haben schon überlegt, Ihnen eine Tüte Brötchen ans Auto zu hängen!", begrüßt mich die Mitarbeiterin in der Keksfabrik, als ich morgens zum Tag der offenen Tür erscheine. Die Mitarbeitenden waren informiert, dass ein fremdes Wohnmobil auf dem Firmenparkplatz über Nacht stehen darf.

Die fröhliche Begrüßung am Morgen macht mir gleich noch mehr Lust auf das, was vor mir liegt. Die Einladung zum heutigen Tag der offenen Tür in der Verdener Keks- und Waffelfabrik Hans Freitag habe ich im letztjährigen Adventskalender der Keksfabrik gewonnen.

Anita Freitag-Meyer gehört die Keksbude, wie sie immer sagt. Seit letztem Jahr folge ich ihr auf Twitter und Facebook. Nun lerne ich sie in echt kennen und sie ist so, wie sie auch im Social Web auftritt, empathisch, offen, locker und unkompliziert. Social Media ist bei ihr Chefinnen-Sache.

Anita führt uns durch die riesige Produktionsfläche. Angefangen von der Materialanlieferung, über die Waffelproduktion, die Gebäckabteilung bis hin zu Verpackung und Lager. Täglich werden hundertdreißig Tonnen Waffeln und Kekse produziert. Kekse zum Kaffee nach einem feinen Mittagessen gibt es natürlich auch noch, garniert mit ganz viel Wissen rund um Herstellung und Vertrieb von

Keksen und Waffeln. Das alles wird gekrönt von einem reich gefüllten Goodie-Bag. Ein ganz wundervoller Tag geht leider viel zu schnell zu Ende.

Wunscherfüllungstag
#60 vom 23./24. April 2015 – Burg am Staffelsee

Mit dickem Dauergrinsen von einem Ohr zum anderen genieße ich den Ausklang dieses großartigen Tages. Gerade komme ich tief beglückt von meinem Ruderboot-Ausflug zurück.

Doch der Reihe nach.

Diesmal habe ich das Glück eines Stellplatzes in der ersten Reihe, direkt am Wasser auf dem Campingplatz am Staffelsee. Frühstückend und Social-Media-surfend sitze ich vor meinem Bus, als mein Stellplatznachbar mit seinem kleinen Ruderboot namens ANGELIKA zu seiner morgendlichen Runde über den See aufbricht. Ich blicke ihm hinterher und sinniere darüber, wie schön es wäre, mal über den See zu rudern. Als er auf dem Rückweg wieder an mir vorbei kommt, rufe ich ihm zu: „Ihr Boot heißt so wie ich!" Seine Antwort schenkt mir große Freude: „Wollen Sie sich das Boot mal ausleihen?" Und ob ich will! So komme ich an diesem strahlend blauen Freitag zu einem Freiraum-Ausflug im Ruderboot vom Schorsch. Um mich herum Wasser und Weitblick. Was für ein Traum!

Ich notiere „Boot haben wollen" auf meine innere Löffelliste. Ein Boot für den Freiraumbus, das wäre noch mehr Freiraum für die Freiraumfrau, sozusagen Freiraum hoch drei.

Geburtstagsvorfreude
#62 vom 11./12. Mai 2015 – Pilsensee

Mein Mann hört meine Freude über die Bootstour, als ich ihm nach meiner Rückkehr davon berichte und hat eine geniale Idee. Zum baldigen runden Geburtstag will er mir ein Stand-up-Board schenken. Am nahen Pilsensee sei eine Verleihstation, da könne ich hinfahren und ausprobieren, ob ich mit so einem Brett klarkommen würde. Das Wetter sei doch schön die nächsten Tage, meint er.

Ich auf einem SUP-Board? Da habe ich so meine Zweifel und suche nach Ausreden, schiebe den anstehenden Kundentermin vor. Doch das Universum nimmt mir die Entscheidung ab. Noch während ich der Idee nachspüre, trudelt die SMS mit der Absage ein. Damit ist die Entscheidung gefallen. Ich wage mich auf so ein Board! Der Inhaber der Verleihstation am Pilsensee weiht mich in die Technik des Stand-up-Paddelns ein. Anfangs finde ich, Paddeln ist eine ziemlich wackelige Angelegenheit. Sobald ich aus der Balance gerate, liege ich auch schon im Wasser. Dann langsam habe ich den Bogen raus. Das Paddeln auf dem See gelingt und der Blick in die Berge ist ein Traum. Meine Zweifel sind ausgeräumt. Ich weiß nun, ich wünsche mir so ein Board zum fünfzigsten Geburtstag.

Mein Board ist inflatable, also aufblasbar. Es passt, ordentlich zusammengefaltet, tatsächlich noch in den Stauraum unter der Küchenzeile hinein. Einen Namen habe ich auch schon. Das blaue Dekorelement am Bug erinnert mich an eine Mayafigur. Deshalb taufe ich mein Board „Mayamännchen". Der Freiraumbus, das Mayamännchen und ich, wir erkunden nun schöne Seen und folgen dem Freiraum auf allen Ebenen.

Der weltbeste 50. Geburtstag
#65 vom 25./26. Mai 2015 – Prerow

„Meinen runden Geburtstag will ich auf oder neben einem Leuchtturm feiern!" Lange habe ich über die Antwort auf die Frage meines Mannes nachgedacht, wie ich meinen runden Geburtstag feiern möchte. Ich habe noch ein altes Hühnchen zu rupfen mit dem Leuchtturm im Besonderen und Speziellen. Dafür ist mein fünfzigster Geburtstag der perfekte Anlass.

Wieso Hühnchen rupfen? Weil ich als Jugendliche sehr lange als Leuchtturm beschimpft wurde. Mit dreizehn Jahren war ich ausgewachsen und mit einer Größe von hundertachtzig Zentimetern überragte ich alle aus meiner Jahrgangsstufe und das waren über hundertzwanzig Schüler:innen. Das blieb so bis in die Oberstufe. Ich fühlte mich ziemlich einsam. Die doofen Kommentare über meine Größe nagten tief an meinem Selbstbewusstsein.

Für meinen Geburtstag verspüre ich das intensive Verlangen, endlich mit diesem Thema in Frieden sein zu wollen. Denn Leuchttürme sind etwas Besonderes. Sie schenken Orientierung für die, die sich von ihnen leiten lassen wollen.

Mein Geburtstagsleuchtturm liegt in der Nähe von Prerow, im Nationalpark Vorpommersche Boddenlandschaft. Im dortigen Regenbogencamp verbringe ich in der Nacht zu meinem Geburtstag doch tatsächlich auch noch die fünfundsechzigste Nacht im Freiraumbus. Wie unglaublich passend, denn ich wurde im Jahr neunzehnhundertfünfundsechzig geboren. Nach Frühstück und ersten Gratulanten via Telefon und Social Media radeln wir bei strahlend blauem Himmel durch den Nationalpark zum Leuchtturm. Die Ankunft dort begeistert mich! Der Leuchtturm ist so, wie ich mir einen Leuchtturm vorstelle und soooo schön gelegen. Die grüne Spindeltreppe windet sich hinauf zum Leuchtprisma. Von dort oben genießen wir den wunderbaren dreihundertsechzig Grad Rundumblick auf Land und Meer. Am liebsten würde ich ewig stehen bleiben und schauen. Alles, was unten am Boden so groß erscheint, wirkt von hier oben winzig. Wie im Leben auch: Der Blick aus einer anderen Perspektive offenbart die Belanglosigkeit mancher Probleme.

So habe ich mir meinen runden Geburtstag vorgestellt. Tief in mir drin spüre ich ein wohliges, heilendes Gefühl. Ich mache mir selbst das schönste Geschenk und verwandele das Trauma meiner Jugend in etwas wundervoll Neues: Meine #Leuchtturmliebe.

Das Mayamännchen und die Balance
#71 am 10./11. Juni 2015 – Burg am Staffelsee

Ein intensives Coaching-Telefonat mit einer Lieblingskundin liegt bereits hinter mir. Ich liebe diese Kombination aus Arbeit und Freiraum, die ich mir so nach und nach aufbaue.

Als die Sonne endlich durch die Wolkendecke lugt, pumpe ich mein Board auf und gehe paddeln. Die ersten Paddelschläge sind immer eine wackelige Herausforderung. In Gedanken bin ich noch im morgendlichen Gespräch verhakt. Das Paddeln harmonisiert mich: Zug um Zug kehre ich zu mir zurück. Ich bin präsent, statt in Gedanken in der Vergangenheit zu stecken oder in die Zukunft zu eilen. Ein gutes Gefühl, das ich mir abspeichere.

Auf einmal kommt unerwartet Wind auf. Die glatte Wasseroberfläche kräuselt sich. Es fühlt sich an, als wenn ich mit dem Board auf der Stelle paddeln würde. Das ist natürlich Unsinn, was ich erkenne, wenn ich ans vorbeiziehende Ufer schaue. „Wie im Leben!", denke ich. In einem Moment fühlt sich alles nach vollkommener Harmonie an, im nächsten Moment ist alles anders. Dann verliere ich die innere Balance und brauche die Orientierung im Außen, um zu merken, wo ich gerade stehe.

Wahre Balance liegt im Zentrum der Gegensätze!

Lyrische Gedanken
#85 am 4./5. August 2015 – Walchensee

Morgenstimmung.
Der See liegt grünblau und spiegelglatt.
Gekrönt mit blauem Himmel und Sonnenschein.
Das Ufer entlang paddeln.
Den See Richtung Insel queren.
Mitten auf dem See, nur das Mayamännchen und ich.
Die Berge verdoppeln sich im Wasser.
Ich kann mit den Händen ihre Glpfel greifen.
Welch ein Perspektivwechsel.
Abstand gewinnen.
Weit weg von allem den Freiraum atmen.
Beim Umrunden der Insel im türkisgrünen Wasser bis weit hinunter zum Grund schauen.
Weitblick und Tiefgang, welch schöne Kombination.
Die Seele auftanken.
Freiraum spüren.
Stimmfetzen wabern herüber.
Ein Hund kläfft.

Motorradgeräusche knattern von ferne.
Der Kesselberg lockt sie.
Das Wasser beginnt sich zu kräuseln.
Wind treibt Wellen vor sich her.
Zeit für den Rückweg ans Ufer.
Walchensee

Kontraste
#87 am 7./8. August 2015 – Garmisch-Partenkirchen

Es ist August und der Eibsee ist zu dieser Jahreszeit fest in arabischer Hand. Komplett schwarz verschleierte Frauen fahren freudig Tretboot. Eine paddelnde Frau im Bikini haben sie wohl noch nicht gesehen. Ich errege Aufmerksamkeit, deshalb halten sie ihre Kameras auf mich drauf. Ich finde es sehr unangenehm, ungefragt gefilmt zu werden.

Bis ich heute endlich auf dem Board und auf dem Wasser bin, das hat gedauert. Wohnmobile sind leider auf den hintersten Teil des Parkplatzes verbannt. Das bedeutet, dass die Ausrüstung eine weite Strecke bis zum Ufer geschleppt werden muss.

Im vorderen Teil des Sees tummeln sich die bereits beschriebenen Tretboote. Im hinteren Bereich des Eibsees erlebe ich das komplette Gegenteil.

Nach tief verschleiert folgt nun vollkommen nackt. In all ihrer körperlichen Schönheit sonnen sich Nacktbadende in so kleinen Burgen aus Steinen, die am Ufer des Sees aufgehäuft sind. Und da steht doch tatsächlich ein Mann rücklings zur Sonne, um auch noch von hinten nahtlos braun zu werden. Ich muss sehr schmunzeln über den optischen Spannungsbogen, den ich an diesem hochsommerlichen Tag am Eibsee erlebe!

Himmel und Hölle
#88 am 8./9. August 2015 – Eibsee

Den Parkplatz kennen wir – mein Mann und ich – schon von gestern. Diesmal wandern wir von dort aus zur Höllentalklamm. Die kühle Klamm ist eine Wohltat an diesem brütend heißen Tag. Dann schlägt das Wetter um und das natürlich, als wir am entferntesten Punkt unserer Wanderung angelangt sind. Der Himmel öffnet seine Schleusen. Es fängt an, wie aus Eimern zu schütten. Leider dauert es Stunden, bis wir wieder zurück am Freiraumbus sind. Das ist ziemlich doof und ziemlich dumm gelaufen, denn wir hatten aufgrund der morgendlichen Hitze das Dachlukenfenster offen gelassen. Uns erwartet ein klatschnasses Innenleben. Küche, Arbeitsplatte, Gewürze, Sitzbank: Alles ist feucht. Die Stoffbespannung rund um das Dachlukenfenster ist komplett durchgeweicht.

So feiere ich die achtundachtzigste Nacht im Freiraumbus und das auch noch am 8.8. mit der Erkenntnis, dass ich in Zukunft lieber im Nugget wie in einer Sauna schwitzen werde, als nochmals so ein feuchtes Desaster zu wischen.

Regel Nummer eins lautet daher:
Fenster immer schließen! Wetterwechsel kommen schneller als gedacht. Daran ändert auch der Blick in die Wetter-App manchmal nichts.

Flipflopperei
#93 am 11./12. August 2015 – Forggensee

Es ist überall knallvoll. Den August kann ich als spontanen Reisemonat für Bayern nicht empfehlen.

Dank vieler Telefonate ergattern wir am Forgensee doch noch einen Stellplatz, wenn auch nur für eine Nacht. Der Blick auf den See ist großartig. Nur die Akustik macht mir zu schaffen. Tagsüber werde ich von nebenan mit Kaffeekränzchengeschichten beschallt.

Als das Kaffeekränzchen endlich Nachtruhe hält, ist der Zeltplatz in Bewegung. Wie bei einer Ameisenkolonne wandert immer jemand unter meinem „Schlafzimmerfenster" vorbei. Leider steht der Freiraumbus direkt am Weg zur Sanitäranlage. Haben die alle eine schwache Blase? Die fleißigen Wanderer laufen hin und her. Immer in Flipflops. Flip! Flop! Flip! Flop! Die Geräusche machen mich kirre. Entspannungsübungen scheitern und auch Schäfchen zählen bringt nichts. Ich bin knallwach! Leise, um meinen Mann nicht zu wecken, stehe ich auf. Der kann Tiefschlaf, ich leider nicht.

Ich taste mich im Dunkeln bis ans Wasser und suche mir ein stilles Plätzchen. Dort sitzend beruhige ich mich wieder und bestaune den funkelnden Sternenhimmel, der sich majestätisch über mir wölbt. Da! Eine Sternschnuppe! Dort! Noch eine. Ich zähle Sternschnuppen und schicke Wünsche ins Universum. Es sind die Nächte der Perseiden.

Danke, liebe Flipflopper.
Ohne euch hätte ich dieses Spektakel verpasst. Oder wie meine Mama immer sagt: „Alles Schlechte hat auch was Gutes für sich!"

Lyrischer Stimmungswechsel
#95 am 30./31. August – Sylvensteinspeicher

Morgens
beim Aufwachen aus dem Dachfenster
den blauen Himmel über Tannenwipfeln schauen.

Mittags
schwitzend in der Sommersonne
unterm grünen Sonnenschirm
am Ufer des Sylvensteinspeichers
Gedanken niederschreiben.

Nachmittags
Stimmungswechsel.
Windböen bringen Laubregen.
Aus den Wipfeln fällt Tannenniesel.
Der Himmel, auf einmal wolkengrau.
Die Bergkulissen regenverhangen.
Zwei Surfer jagen über den See.
Die Badegäste, längst heimgegangen.
Unterm Schirm, mit regennassen Beinen zurück.

Sommerabschied. Herbst in Sicht!

Der Krapfen
#96 am 12./13. September 2015 – Mittenwald

Die Sommerferien in Bayern sind nun zu Ende. Das ist ein
guter Zeitpunkt, um gemeinsam Richtung Italien zu fahren. Erster Stopp ist Mittenwald. Wir fahren mit dem Sessel-
lift auf den Hohen Kranzberg; laufen über Ferchen- und
Lautersee zurück. An letzterem sitze ich auf einem Steg

und lasse die Beine über dem Wasser baumeln. Unter meinen nackten Füßen tummeln sich viele Fische. Ich bin in Gedanken versunken und habe den kleinen Jungen neben mir gar nicht bemerkt. Der ruft seinem Vater zu: „Schau mal, Papa! Ein Krapfen!" Ich muss so schmunzeln. Leider gelingt es mir nicht die Geschichte des „krapfenartigen Karpfens" in mein Reisetagebuch zu skizzieren.

Notdurft
#98 am 14./15. September 2015 – Lago di Caldonazzo

Die Unterschiedlichkeit der Sanitäranlagen auf Campingplätzen erstaunt mich immer wieder. Diese WC-Anlage hier habe ich in nachdrücklicher Erinnerung, wobei es dabei nicht um Fliesen oder Design geht. Ich sitze und verrichte und dann erst blicke ich mich um. Nix. Kein Toilettenpapier. Da schaue ich aber dumm aus der Wäsche. Ich erhebe zart mein Stimmchen und erbitte Hilfe. Zum Glück ist da eine ebenfalls verrichtende Camperin nebenan, die sich meiner erbarmt: Sie teilt mit mir. Ich bekomme netter Weise ein paar Blättchen zum Beenden meiner Misere unter der WC-Trennwand durchgereicht.

Wieder was gelernt: Nimm dein eigenes Klopapier mit!

Jubiläums-Dramen
#100 am 16./17. September 2015 – Sirmione

Das Jubiläum der hundertsten Nacht habe ich mir großartiger ausgemalt. So mit Weitblick und voll schön und überhaupt. Idylle halt. Doch wieder mal kommt es anders. Der Campingplatz ist eigentlich fein. Die Stellplätze sind in Terrassen angelegt. Wir können von unserem Platz aus über die anderen hinwegblickend, gerade noch den See erahnen.

So weit, so gut. Nur leider sitzen auf der Terrasse unterhalb von uns zwei deutsche Paare, die lauthals ihre Lebensgeschichten austauschen. Ich weiß jetzt alles über Autos mit Automatikgetriebe und deren Spritverbrauch; den aktuellen Rentenbescheid samt Renteneintrittsdatum; was es am Muttertag zu Essen gab und wie die Wohnung vom Sohnemann eingerichtet ist. Kurz habe ich mich gefragt, ob ich noch die Rentenversicherungsnummer erfragen soll?

Warum müssen sich Menschen so laut unterhalten, dass die anderen das Gespräch mithören können? Ich werde das nie verstehen, auch wenn ich das auf Campingplätzen häufiger erlebe, als mir lieb ist.

Im allgemeinen Abreisegewusel am nächsten Morgen beobachte ich, dass selbst die coolen Camper mit dem Pick-up so ein rot-weiß gestreiftes Schild am Fahrradständer montieren. Der Blick ins Internet verrät mir, dass die Dinger in Italien Pflicht sind. Sicherung der überstehenden Ladung und so. Verdammt. Auf Diskussionen mit der italienischen Polizei habe ich Nullkomma gar keinen Bock. Zum Glück sind wir ja bis hierhin komplikationslos gekommen.

Der nächste Campingausstatter ist leider dreißig Minuten Fahrzeit entfernt. Zum Glück komme ich auf die kluge Idee vorher an der Rezeption nachzufragen, ob sie mir helfen können. Sie können und empfehlen mir einen Gemischtwarenladen ganz in der Nähe. Ich schwinge mich aufs Fahrrad und erwerbe kurz vor der in Italien heiligen Mittagspause so ein rot-weißes Schild. Jetzt bin ich beruhigt und kann endlich den heutigen Jubiläumstag genießen!

Funfact des Tages:
Wenn du im Swimmingpool schwimmen willst, dann brauchst du eine Badekappe. Wer bitte hat denn eine Badekappe dabei? Ich jedenfalls nicht. Ist auch egal. Ich gehe viel lieber im Gardasee schwimmen.

Gegenwind
#102 am 18./19. September 2015 – Malcesine

Der Campingplatz ist toll. Unser Platz in der ersten Reihe erlaubt einen großartigen Blick über den Gardasee und der lädt zum Paddeln ein. Gesagt, getan und mein Board aufgepumpt.

Ich genieße es sehr, über den Gardasee zu gleiten. Aber nur bis zu dem Moment, wo ich mich umdrehe. Da weht mir der Gegenwind dann ordentlich ins Gesicht. Oh je, wäre ich doch vorhin erst gegen den Wind gestartet und hätte mich dann zurück treiben lassen. Doch „hätte, hätte Fahrradkette" nützt nun nichts mehr. Ich kämpfe mich mit großer Anstrengung zurück.

Merke:
Immer gegen den Wind starten!

Die Anstrengung hat sich dennoch gelohnt. Ich verzeichne den zehnten See in diesem Jahr auf meiner „diesen See habe ich schon erpaddelt"- Liste.

Die zehn Seen inspirieren mich zu einem Elfchen. Das ist eine Gedichtform aus 1, 2, 3, 4, 1 Wörtern in fünf Zeilen.

Zehn

Seen sehen
in einem Sommer.
Das lässt sich sehen.

Mayamännchen!

Der letzte Atemzug
#103 am 19./20. September 2015 – Kalterer See

Die Pfanne steht auf dem Herd, das Essen brutzelt und ist fertig. Zum Glück, denn genau in diesem Moment erlischt die Gasflamme. Sie erstirbt, ganz ohne Vorwarnung. Aus! Kein Kaffee morgen früh, ist mein erster Gedanke. Seit April letzten Jahres hat die Gasfüllung nun gereicht. Allerdings habe ich keine Ahnung, wie das mit dem Ausbau geht oder wo ich eine Gasflasche zum Austausch bekomme. Ich glaube, ich verschiebe das Lernen auf daheim. Heute ist unser letzter Urlaubstag. Morgen muss es dann leider ohne Kaffee gehen.

Wir wollen in dieses Internet
#115 am 6./7. November 2015 – Ruhrgebiet

„Ich habe das Gefühl, ich verliere den Kontakt zu meinen Kindern und Enkelkindern!", sagte meine Mutter letztens am Telefon und ich antwortete: „Ja, das stimmt!", denn mein Festnetzanschluss in München wird nur benutzt, wenn meine Eltern anrufen. Besser gesagt, meine Mama. Wenn unsere Kinder auf dem Display sehen: „Oma ruft an!" überlegen sie gleich, ob sie Bock haben zu telefonieren und wenn nicht, dann lassen sie gerne mal den Anrufbeantworter einspringen. Jetzt wollen meine Eltern auf einmal in dieses Internet. Ich bin verblüfft über ihren Stimmungswandel.

In meinem Elternhaus befindet sich nur ein uralter analoger Festnetzanschluss. Das heißt, wir brauchen zum einen die Internetverbindung und zum anderen die nötige Kommunikationstechnik für Menschen, die noch nie einen Rechner hatten: Einfach und mit wenig Fehlerquellen. Die Entscheidung fällt für ein Tablet mit kleiner Tastatur. Die Umstellung beim Telekommunikationsanbieter ist auch angeleiert.

So weit, so gut. Ich schlage vor, dass ich komme und mich kümmere. Dem Techniker auf die Finger schaue, wenn „das Internet" kommt. Das ist der einfache Teil der Geschichte. Der schwere Teil ist, dass meine Eltern, die nun schon auf die Achtzig zugehen, keine Ahnung von der Technik haben. Enter-Taste: Fehlanzeige! APP: Nie gehört! Ich ahne, was ich mir da ans Bein binde.

Zugleich bin ich mir sehr sicher, dass ich während dieser mehrtägigen Lehrphase ganz unbedingt meinen Freiraumbus als Rückzugsort brauche. Ich werde definitiv nicht in meinem ehemaligen Kinderzimmer übernachten.

„Ich komme, ich helfe euch und ich schlafe im Freiraumbus!", ist meine klare Ansage. Meine Mama erwidert entsetzt: „Das kannst du doch nicht machen! Was sollen denn die Nachbarn denken?" Ich muss sehr schmunzeln, da ich meine Mama kenne und genau diesen Einwand erwartet habe. Meine Antwort lautet: „Entweder so oder gar nicht!"

Alles andere läuft dann vollkommen entspannt. Mehrere Tage in Folge setzen wir uns zum Üben nebeneinander. In liebevoller Detailarbeit, mit viel Inbrunst, Ausdauer und einer Engelsgeduld erkläre ich meinen Eltern die Funktionalitäten ihres neuen Gerätes.

Sie sind dankbare, geduldige Lernende und begeben sich mutig in das Neuland Internet. Die Verbindung zu Kindern und Enkelkindern ist wieder hergestellt. Ich bin sehr stolz, dass die beiden die Technik gelernt haben! Und auch, dass sie sich späterhin zu fragen trauen, wenn etwas mal nicht klappt.

Mein allabendlicher Rückzug in den Freiraumbus ist für uns alle ein Segen. Wen interessiert schon, was die Nachbarn denken?

Vorspulen ins Jahr 2024:

Das Smartphone meines Papas ist mit dem Hörgerät via Bluetooth gekoppelt. Telefonieren klappt gut, trotz Höreinschränkung.

Meine Mama ist die Queen der WhatsApp Nachrichten in unseren diversen Familiengruppen. Das Seniorentelefon konnte ich ihr ausreden. Sie hat ebenfalls ein schönes Smartphone. Beide Eltern sind auf Instagram und folgen mir. So können sie mich virtuell auf meinen Reisen begleiten. Denn leider wird ja im Alter der reale Radius immer kleiner. Es ist schön, dass sie dank der neuen technischen Möglichkeiten ihr Fenster in die Welt offen stehen haben.

Loslassen
November 2015

Weniger Zeug, mehr Zeit!

Das Atelier ist leer und ich gewinne Freiraum für Neues in meinem Leben. Der Freiraumbus macht sich gut als Umzugswagen. In nur zwei Fahrten ist – dank starker Helfer – der Umzug gewuppt. Nur die fünfzig Zentimeter Neuschnee stören.

Drei Monate mit Aufräumen, Ausräumen, Verkaufen und Verschenken liegen hinter mir. Viele Sachen sind in gute Hände gewandert. Nur ein Bruchteil bleibt für den kleinen Keller, den ich angemietet habe. Ich reduziere nicht nur Zeug, sondern auch die nicht unerheblichen Mietkosten.

Der Umzug ist das Ende eines langen Prozesses.

Seit ich Freiraumbus fahre, fühlte ich mich mehr und mehr zerrissen. Mein Herz will im Freiraum unterwegs sein und dort arbeiten. Mein Atelier mit all seinen Farben und Leinwänden blieb oftmals unbenutzt. Ich stellte meine Arbeit als Künstlerin und Innenarchitektin auf den Prüfstand. Bauleitung machen, das laugt mich schon lange aus. Viele Projekte der letzten Jahre hatten einen zähen Unterton. Brauche ich überhaupt ein Atelier? Was kann ich richtig gut? Ich beginne mein berufliches Leben umzustricken.

Der Frage, wie ich auch auf Reisen arbeiten will, der ging ich intensiv im zurückliegenden Jahr nach. Eine wesentliche Antwort lautete: „Ich brauche kein Atelier mehr!" Meine kreativen Sachen an verschiedenen Orten zu wissen, das nervt mich zutiefst. Das Auflösen meines Ateliers ist der nächste und folgerichtige Schritt auf meinem Weg.

Knietief
#118 am 21./22. Dezember 2015 – Sylvensteinspeicher

Ein falscher Schritt und ich sinke knietief ein im glitschigen Schlamm des Sylvensteinspeichers. Schuhe und Hosenbeine sehen aus, als wenn ich in einen Eimer voll weißer Farbe getreten wäre. „Du musst ja auch immer den Dingen auf den Grund gehen", lacht meine Netzwerkfreundin Andrea, der ich später von meiner Tour erzähle.

Ich gehe wirklich auf dem Grund. Das Wasser des Speichersees ist wegen Sanierungsarbeiten an der Staumauer abgelassen worden. An einigen Stellen tauchen die Gebäude des Ende der Fünfzigerjahre gefluteten Orts Fall auf. Wie muss sich das wohl damals angefühlt haben, als der vorhandene Ort dem neuen Stausee weichen musste? Ich stelle mir das total schwer vor, wenn die Heimat geflutet wird. Was mich natürlich auch zu der Frage führt: „Was bedeutet Heimat? Oder wie fühlt es sich an, wenn ich vertrieben werde?" Diese Gedanken trage ich mit mir, während ich durch das kalkweiße Sediment wate. Es fühlt sich wirklich so an, als würde ich meinen Lebensgrund durchlaufen. Das ist eine feine spirituelle Erfahrung, die ganz wunderbar zur heutigen Wintersonnenwende passt und dazu, dass sich ein prächtiger Vollmond am Nachthimmel zeigt.

Ich bin stolz auf mich! Im vermeintlich wichtigen Weihnachtstrubel habe ich es geschafft, mich für zwei Tage abzuseilen. Diese Tage sind mein vorgezogenes Weihnachtsgeschenk an mich: Freiraum und Alleinseinzeit für die Freiraumfrau. Nur das Trocknen und Reinigen von völlig verdreckten Stiefeln und die kniehoch weiß eingeschlämmte Hose fühlen sich nicht nach Geschenk an.

2016 – Auf dem Weg zur digitalen Nomadin

Fasten
#123 am 26./27. Februar 2016 – Sylvensteinspeicher

Mitten auf der Straße steht der Hirsch. Wir starren uns wechselseitig an. Er bewegt sich nicht, ich auch nicht. Dann verschwindet er einfach wieder im Wald.

„Ich habe gerade den Hirsch im Wald gesehen", erzähle ich später meiner Fastengruppe.

Die anderen wundern sich, dass ich so früh morgens schon im Wald unterwegs bin. Heute, am letzten Tag beim Fastenbrechen, verrate ich ihnen, dass ich die ganzen letzten Tage in meinem Freiraumbus im Wald auf dem Nachtparkplatz übernachtet habe. Meine Mitfastenden können das gar nicht glauben. Vor allem, weil die Nächte mit minus drei Grad doch ziemlich kalt sind.

Ich wohne im Freiraumbus, weil ich die Energie der Zimmer im Fastenhotel schwierig und dunkel finde. Deshalb hatte ich mit Ute, der Leitung der Fastenkur ausgemacht, dass ich den unangenehmen ersten Tag mit Glaubersalzeinlauf und seinen Auswirkungen daheim erledige und erst danach vor Ort eintreffe.

Für mich ist die Kombination aus daheim und im Freiraumbus die Fastenkur zu machen, eine gute Entscheidung. Die minimalistische Zeit im Freiraumbus an diesem für mich besonderen Ort unterstützt mich beim Entgiften.

Hirsche, Angler und Enduros
#127 am 3./4. April 2016 – Taufkirchen/Vilz

An Tagen, an denen ich auf der Suche nach Ruhe bin, da bin ich besonders „mauselig", das ist so eine Mischung aus Mäkeln und mich „einigeln wollen". Ich will alles gleichzeitig. Einen schönen Ort aussuchen, etwas Bewährtes haben und gleichzeitig Neuland betreten. Diese Zwickmühle ist typisch für mich. Ich suche mir trotz dieses Dilemmas einen neuen Campingplatz aus.

Der Weg führt mich nach Osten. Ich trödel mit dem Freiraumbus über die Dörfer. Nur haarscharf passt er durch das alte Stadttor vom Städtchen Dorfen hindurch. Dann, mitten in der Pampa, hinter dem letzten Hasen, biege ich zum Campingplatz ab. Ich hatte vorher angerufen. Die Rezeption sei am Sonntagnachmittag nicht mehr besetzt. Ich solle mir einfach einen Platz aussuchen. Der Freiraumbus ist das einzige Wohnmobil auf den Touristenplätzen.

Im Hintergrund höre ich Stimmengewirr aus dem Biergarten, in dem die Leute den Sonntagnachmittag ausklingen lassen. Der Kinderspielplatz ist gut besucht. Ruhig ist definitiv anders. Doch so ist das beim Reisen. Ich weiß vorher nicht, was ich bekomme. Erst beim Machen stellt sich heraus, wie es ist. Also erst mal die Lage erkunden. Beim Kiosk gibt es Dolomiti-Eis, das ist Kindheitserinnerung pur. Muss ich haben! Mit dem Eis in der Hand laufe ich eine Runde über den Campingplatz und stelle wieder mal fest, dass ein Dauerstellplatz für meine Innenarchitektinnen-Seele nichts wäre: Zu viele Gartenzwergkolonien.

Nebenan entdecke ich den Bogenschießparcour. Wie skurril. So, wie andere über den Golfplatz laufen, geht man hier mit dem Bogen von Schießstand zu Schießstand und kann dann auf im Wald drapierte Gummi-Hirsche oder Krokodile schießen. Mittendrin liegt ein kleiner See, an dem Angler aufgereiht nebeneinander am Rand sitzen. Die Angelidylle wird jäh durch einen Hundehalter gestört, der seinen Hund in den Fischteich springen lässt. Das führt zu lautstarkem Protest der Angler.

Als dann noch die Dorfjugend auf ihren Enduro-Motorrädern das hügelige Gelände des Campingplatzes nutzt, um mittendurch rauf und runter zu brettern, da verschwindet meine eh schon angeschlagene Laune weit über den Nullpunkt hinweg. Der Lärm der Enduros hört erst auf, als in der Ferne der Rettungshubschrauber aufsteigt. Ob da ein Zusammenhang besteht? Ich weiß es nicht.

In diesem Moment erinnere ich mich an meinen Leitsatz für 2016: „Das Leben schenkt mir das, was ich brauche!" Anscheinend brauche ich heute deutlich weniger Ruhe, als ich mir das vorher eingebildet habe. Doch die Qualität meines „Reisemobils" ist, dass ich weiterfahren kann. Das mache ich morgen!

Auf dem Weg nach Altötting
#128 am 4./5. April 2016 – Altötting

Beim Bezahlen erzähle ich an der Rezeption, warum ich nicht weiter bleiben mag. Ich freue mich, dass ich als kleine Entschädigung für meine Enduro-Unbill nur die Hälfte der Stellplatzmiete zahlen brauche. Das versöhnt mich dann doch ein bisschen. Auf dem Weg nach Altötting halte ich an so einer kleinen Dorftankstelle mit angeschlossener Werkstatt. Ich frage erst mal, ob ich auch mit

Karte bezahlen kann? „Klar!", antwortet der Inhaber und erklärt mir den Tankomat, den ich übersehen habe. Wir kommen ins Gespräch. Währenddessen betankt er netterweise meinen Bus und prüft sogar den Luftdruck. Dafür erzähle ich vom Freiraumbus und zeige ihm, wie der von innen aussieht.

Beim Plaudern meint er spontan: „Wie schön, Freiraum! Und Sie haben alles dabei." Das liebe ich sehr, wenn Menschen auf Anhieb verstehen, weshalb ich den Freiraumbus habe. Ich bin total berührt von dieser Begegnung und weiß auf einmal wieder genau, weshalb ich so gerne auf Reisen gehe.

Es sind die Begegnungen mit Menschen, die das Reisen ausmachen.

Am Seelenort
#130 am 8./9. April 2016 – Sylvensteinspeicher

Heute, genau vor zwei Jahren, holte ich meinen Freiraumbus ab. Seitdem folgten hundertdreißig weitere Nächte, die ich darin geschlafen habe. Nicht immer waren sie erholsam. Oft entschädigte mich der morgendliche Blick auf einen See oder der Sonnenaufgang für eine unruhige Nacht.

In solchen Momenten weiß ich genau, weshalb ich mich für den Weg der digitalen Nomadin entschieden habe. Im letzten Jahr stellte ich konsequent die Weichen dafür, dass mein Freiraumbus mein mobiler Arbeitsraum wird. Meine Kunden erreiche ich via Smartphone, Skype und über die sozialen Medien. Das klappt wunderbar!

Meine wichtigsten Arbeitsutensilien habe ich immer dabei: Meinen Kopf, der die Ideen ausbrütet und meine Stifte, mit denen ich die Zeichnungen dann zu Papier bringe. Der Freiraumbus ist mein rollender Kraftort.

In nächster Zeit werde ich meinen Kraftort nutzen, um darin an meinem Buchprojekt zu arbeiten. Ich schreibe endlich die Geschichte, wie und warum ich zum Freiraumbus gekommen bin, auf. Ich werde das Buch mit meinen Zeichnungen illustrieren. Vielleicht zeichne ich auch das komplette Buch, so wie eine Art Bildergeschichte. Genau weiß ich noch nicht, wie es werden soll. Ich folge meiner Intuition und meinem inneren Leitstern, der sagt, meine Geschichte soll als Buch das Licht der Welt erblicken.

Genialer Arbeitsplatz
#135 am 10./11. Mai 2016 – Neuburg an der Donau

Für mein Buch will ich mich auf Verlagssuche begeben. Dafür brauche ich ein Exposé, das beschreibt, wovon das Buch handeln, wie es heißen soll (momentan noch streng geheim!), für wen es ist und in welchem Genre es dann später, viel später (!) mal im Buchhandel zu finden sein wird. Das Exposé ist auch der Bauplan für das Buch. Das ist wie Innenarchitektur. Erst wird geplant, dann gebaut.

Am liebsten arbeite ich am Exposé, wenn ich mit dem Freiraumbus unterwegs bin. So kommt es, dass ich nach einem Zwischenstopp in der Spargelstadt Schrobenhausen in Neuburg an der Donau lande. Zum Warmwerden schreibe ich Morgenseiten, drei Seiten handgeschrieben mit all den Dingen, die mir gerade durch den Kopf gehen. Neben mir steht ein Kaffee. Immer mal wieder lasse ich meinen Blick über die Donau rüber zur Renaissance-Altstadt schweifen. Das hat schon was. So inspiriert finde ich im Laufe des Tages wieder gute Zusammenhänge, Wortfragmente und rote Fäden für mein Exposékonzept.

Vielleicht liegt mein Schreibfluss auch daran, dass mein Hirn bei der Stadtexkursion mit dem Fahrrad auf dem holperigen Kopfsteinpflaster ordentlich durchgeschüttelt wird.

Oder daran, dass es mir einfach gut tut, abzuwarten, was so an Gedanken aus mir herauspurzeln wollen, wenn ich im Freiraum unterwegs bin. Das ist für mich etwas Neues, Ungeübtes: Mich den mäandernden Gedanken hinzugeben und überrascht sein, wie produktiv ich bin.

Auf jeden Fall fügen sich viele Gedanken-Puzzleteile leicht und absichtslos ineinander.

Leider stört auf einmal der beginnende Regen meinen wunderbaren Schreibflow. Das finde ich blöd. Ich will weiter draußen sitzen und schreiben, trotz Regen.

Da fällt mir die geniale Lösung ein, die ich mal bei anderen Wohnmobilisten gesehen habe. Ich kurbel die Markise ein kleines Stück raus, nur so wenig, dass sie noch ohne Ausfahren der Stützen hält. Mit Kissen unter dem Allerwertesten sitze ich im Einstieg vom Freiraumbus. Draußen steht mein Klapptisch.

Die Idee ist auch deshalb genial, weil ich so endlich die perfekte ergonomische Sitzhaltung einnehme. So kann ich auch bei Regen weiterschreiben. Klasse.

In der Lounge
#144 am 3./4. Juni 2016 – Berlin

Mit dem Fahrrad erst durchs Brandenburger Tor fahren und dann direkt vor dem Adlon parken, das steht bei diesem Berlinbesuch auf meiner Löffelliste. Nicht nur das, ich gehe selbstverständlich auch hinein, in dieses fünf-Sterne-Luxushotel, so, wie ich bin, in meinen Fahrradklamotten.

Ausnehmend höflich werde ich, wie alle Gäste begrüßt und zu einem schönen Platz in der Lounge geleitet. Dort gönne ich mir einen Mittagssnack. Es ist alles exquisit und der Service ist ganz wunderbar. Ich fühle mich sehr willkommen und genieße den teuersten Wrap meines Lebens.

Gewitterfront
#153 am 11./12. Juli 2016 – Blaues Land

Schwarze Wolken am Horizont bauen sich wie eine riesige Wand in der Ferne auf. Sie wirken bedrohlich und rücken unaufhaltsam näher. Ich ahne Schlimmes.

In dieser Saison probiere ich Stellplätze auf Bauernhöfen aus dem Stellplatzführer „Landvergnügen". Heute stehe ich mit dem Freiraumbus auf einem Ziegenhof.

Es bleibt nur wenig Zeit, zu den Bauersleuten zu eilen, um zu fragen, ob ich den Bus nebenan in die Scheune parken darf. Gerade noch rechtzeitig schaffe ich das Umparken, da öffnet auch schon der Himmel seine Schleusen und schüttet Starkregen vom Allerfeinsten hinab. Es ist unfassbar, wie viel Wassermassen da in kürzester Zeit runterkommen. So was habe ich bisher noch nicht erlebt. Wie gut, dass der Freiraumbus und ich wohl behütet in der Scheune stehen. Da, wo wir eben parkten, befindet sich jetzt ein schlammiger, kleiner See.

Das einzig Gute an dem Gewitter ist, dass es die Massen von Fliegen vertreibt, die sich auf so einem Ziegenhof besonders wohl fühlen.

Arbeiten kann ich an diesem aufregenden Tag dann auch nicht. Ich befinde mich in einem Funkloch und habe nullkomma gar kein Netz.

Zwischen Gewächshäusern
#155 am 21./22. Juli 2016 – mitten in Bayern

Morgens beim Aufwachen können wir direkt vom Bett aus in die Gewächshäuser schauen und uns schon mal die Tomaten aussuchen, die wir nachher essen wollen.

Der Freiraumbus ist wieder mit Landvergnügen unterwegs und steht in einem Gemüseanbau-Betrieb. Ich mache ein paar Tage Urlaub mit meiner Tochter. Wir finden das herrlich, mit den Klappstühlen vor dem Bus zu sitzen und das Gemüse, das wir gerade gekauft haben, gleich zu verspeisen.

Es ist so schön, dass wir gemeinsam unterwegs sind.

Weihnachtliche Stimmung
#187 am 17./18. Dezember 2016 – Limburg

Den Dom zu Limburg sehe ich immer im Vorbeifahren, wenn ich auf dem Weg zu meinen Eltern bin. Diesen Punkt meiner imaginären Löffelliste werde ich heute endlich abhaken und ihn besichtigen.

Der Stellplatz in Limburg ist ziemlich kompliziert zu befahren. Er ist mit so versenkbaren Bodenpollern ausgestattet, die gesteuert durch ein seltsames Kartensystem hoch- und runter fahren. Hoffentlich komme ich hier morgen wieder raus.

Ich hasse Schranken. Sie stressen mich, weil ich mich dahinter im wahrsten Sinne des Worte eingeschränkt fühle.

Dafür erlebe ich im Dom eine sehr schöne, spirituelle Stimmung. Weil es schon dämmert, ist gedämpfte Beleuchtung angeschaltet und im Hintergrund läuft leise sakrale Musik. Ich bleibe so lange sitzen, bis ich aus dem Dom gebeten werde, weil er geschlossen wird. Der anschließende Spaziergang über den Weihnachtsmarkt rundet die schöne Stimmung ab.

Die morgendliche Abreise klappt übrigens tadellos.

2017 – Links herum und Comicbiografie

Zu viele Regeln
#192 und #193 am 27./28./29. März 2017 – Walchsee

Die schmalen, in Schreibmaschinentype geprägten Etikettenstreifen kleben wirklich überall. So, wie hier habe ich das auf meinen Reisen echt noch nicht erlebt. Klar, es gibt immer mal wieder Hinweisschilder oder Anleitungen. Aber hier ist wirklich gefühlt alles beschriftet. Egal, ob Toilettennutzung oder die Mülltrennung, welche Tür wie, wann und wo zu öffnen oder zu schließen ist, die Regeln und Anordnungen verfolgen mich auf diesem Campingplatz.

Eigentlich will ich am Buch arbeiten, doch der Flow bleibt aus. Wieder einmal spannend zu sehen, wie stark die Energien der Umgebung abfärben können. Daran ändert auch der schöne Stellplatz mit exklusivem Seeblick nichts. Und zu allem Überfluss sehe ich dann auch noch einen Marder um die Wohnwagen schleichen.

re:publica
#197 und #198 am 7./8./9. Mai 2017 – Berlin

Zack, zweimal ums Eck gehen und schon stehe ich vor den heiligen Hallen, in denen in diesem Jahr die Digitalkonferenz re:publica stattfindet. Wenn schon digitales Nomadentum, dann auch richtig. Hihi, so einfach ist es dann doch nicht. Ganz schön lange irre ich durch die umliegenden Straßen, bis ich einen Parkplatz finde, an dem ich mich wohl fühle. Den ersten Ort verlasse ich, als ich beim Checken der Gegend eine Spritze neben einem Mülleimer finde. Keine gute Idee hier nachts zu stehen, denke ich und suche weiter. Schließlich werde ich in einer Sackgasse fündig. Der Freiraumbus parkt nun einfach so zwischen anderen Autos ganz unschuldig am Straßenrand. Es ist ziemlich kalt Anfang Mai und leider auch sehr regnerisch. Trotzdem ist meine puristische Unterkunft eine gute Erfahrung. Ich kann auf kurzem Wege die Konferenz erreichen, ganz ohne Anreisestress oder Ein- und Auschecken im Hotel. Mutig finde ich mich besonders dann, wenn ich anderen erzähle: „Ich übernachte im Freiraumbus." Das ist ein guter Gesprächseinstieg, wenn ich Menschen treffe, die ich bisher nur aus den Sozialen Medien kenne. Und davon treffe ich ganz viele auf dieser Konferenz, die im übrigen auch schon lange auf meiner Löffelliste steht.

Zwei Tage Konferenz reichen mir dann völlig. Mein hochsensibles Hirn braucht einen ruhigen Ort, um all die Eindrücke zu verarbeiten. Das Konferenzgemurmel klingt lange in meinem Kopf nach. Gelohnt hat sich mein Besuch der re:publica auf jeden Fall. Ob ich im nächsten Jahr wiederkommen werde? Ich weiß es noch nicht genau, aber nach jetzigem Stand wahrscheinlich nicht.

Logenplatz
#201 am 11./12. Mai 2017 – Dresden

„Es gibt nur noch den Mittelplatz in der Loge", sagt die Frau, die die Tickets für das Konzert heute Abend in der Semperoper verkauft. „Das ist der Platz, an dem der

Ministerpräsident manchmal sitzt." In Gedanken scanne ich meine maximale Preis-Schmerzgrenze. Der Ticketpreis liegt deutlich darunter, ich sage freudestrahlend: „Ja!" und verlasse sehr zufrieden die Alte Wache. Ich habe eine Karte mit dem exklusivsten Sitzplatz, den ich je in meinem Leben hatte und bin gespannt auf das zehnte Symphoniekonzert der Sächsischen Staatskapelle mit Dirigent Christian Thielemann.

Ich feiere mich dafür, mich wieder einmal getraut zu haben, es einfach zu machen. Schon lange will ich die Semperoper von innen sehen. So erfülle ich gleich nach der re:publica noch einen weiteren Wunsch, der auf meiner Löffelliste steht.

Bis zum Abend bleibt noch ganz viel Zeit. Wie wunderbar, dass meine Netzwerkfreundin Annett spontan Zeit hat, mich zu treffen. Wir sitzen im Schatten der barocken Frauenkirche auf dem Neumarkt in einem Restaurant bei einem leckeren Essen. Da meint es das Wetter noch gut mit mir und uns. Die Sonne scheint. Leider vergeht die Zeit wie im Flug. Es gibt viel zu erzählen, wir haben uns lange nicht gesehen. Danke für das feine Gespräch, liebe Annett und deine Spontanität.

Der Logenplatz ist sensationell und der Blick in die Oper ein Traum. Was für ein Gefühl, ganz vorne und mitten auf der Empore zu sitzen und den ganzen Saal zu meinen Füßen liegen zu haben.

Das Davor ist weniger sensationell. Das Wetter ist umgeschlagen. Kurz vor dem Konzert hat es alles gegeben, um mich komplett zu durchweichen. Da mein Freiraumbus weit entfernt parkt, bin ich mit dem Fahrrad unterwegs und finde Unterschlupf in einem nahe zur Oper liegenden

Café. Nach einem kleinen Abendessen kann ich mich dort in der Toilette umziehen und konzertfein machen. Es ist schon klasse, dass ich direkt vor der Oper „geparkt" habe. So brauche ich anschließend nur mein Fahrrad aufsperren und durch das nächtliche Dresden „heimfahren". Zum Glück ist das Wetter jetzt trocken. Ich steige in den Freiraumbus und fahre die nächste Etappe Richtung München.

Warnleuchte
#202 am 12./13. Mai 2017 – nachts Richtung München

Gelb blinkt die Warnleuchte im Armaturenbrett auf. Ich erschrecke mich sehr. Immerhin nicht rot, was „sofort kümmern" bedeuten würde. Diese Warnung hier betrifft den Tempomat, der sich nicht mehr einstellen lässt.

Nachtfahrten mag ich sehr. Tempomat an. Dann den nächsten Lkw in der Ferne anpeilen und langsam einholen. Überholen. Dann den nächsten Lkw anpeilen. So lasse ich mich durch die Nacht ziehen. Die Autobahn ist frei, die Raser sind verschwunden und ich kann entspannt dahin gleiten. Nun ja, heute Nacht nicht.

Der Tempomat ist defekt, wie ich ein paar Tage später in der Werkstatt meines Vertrauens erfahre. Ein Marder hat das Zuleitungskabel zerbissen. Vermutlich war das der Marder, den ich letztens am Walchsee um die „Häuser" ziehen sah.

Leider doof. Immerhin zahlt einen Teil des Schadens meine Teilkaskoversicherung.

Groß und klein
#210 am 10./11. Juni 2017 – Gent – Belgien

Mein Mann und ich sind auf dem Weg nach England. In London wollen wir unseren Sohn besuchen, der dort als Au-Pair in einer Familie mit drei Jungs arbeitet.

Die Hinreise führt uns über Karlsruhe, Luxemburg und Brüssel nach Gent, das ein ganz bezauberndes Städtchen ist. Der Freiraumbus parkt an der Regattastrecke auf dem dortigen Wohnmobilstellplatz. Bei unserer Rückkehr von der Stadtbesichtigung erwartet uns ein lustiger Anblick. Gleich neben dem Freiraumbus steht ein Luxusliner. Ein riesiges Wohnmobil auf Basis eines Omnibusses. Abends kann ich von meinem Bettchen oben in der Schlafebene der Nachbarin in der Küche beim Spülen zuschauen. Ihr Spülbecken ist so groß, wie die gesamte Küche im Freiraumbus. Okay, ich übertreibe ein bisschen.

Kurz, ganz kurz nur, bin ich neidisch. Dann überwiegt wieder das glückliche Gefühl darüber, was den Freiraumbus ausmacht: Er ist kurz und wendig, passt in so gut wie jede Parklücke, kann unauffällig am Straßenrand nächtigen und traut sich nun im Linksverkehr nach London hinein.

Mit dem Fahrrad im Linksverkehr
#215 am 15./16. Juni 2017 – London

London stellt unsere Nerven schon vor der Abreise gehörig auf die Probe. Es gibt dort eine Lower-Emission-Zone, eine Emissionszone, für die der Freiraumbus registriert werden muss und zwar vorher! Die Einfahrt in diese Zone ohne Registrierung führt zu unerfreulicher Post nach der Reise. Das haben zumindest meine Recherchen ergeben. Okay, es ist mein Fehler, dass ich immer wieder mutig meine, ich könne innerhalb Europas einfach so losfahren. Ich bin ziemlich froh, dass mir das Thema zehn Tage vor Abfahrt „zufällig" über den Weg läuft und noch organisiert werden kann. Erst am Abreisetag trifft – auf den allerletzten Drücker – die Genehmigung ein.

Der Freiraumbus landet in Dover und ich fahre ihn mutig von der Fähre. Ich sage nur: „Linksverkehr!" Wie sich das Fahren durch Kreisverkehre anfühlen wird, das habe ich vorher durch Schauen von YouTube Videos virtuell geübt.

Das Navigationsgerät lässt sich netter Weise auf „Miles per hour" umstellen. Selten habe ich so viele Verkehrskameras gesehen wie in England. Die Geschwindigkeitsbegrenzungen wollen wir dann doch ordentlich einhalten. Ich habe keine Lust auf teure Tickets nach der Reise.

Den innerstädtischen Campingplatz dürfen wir dank besagter Registrierung nun anfahren. Er liegt mitten in London, trotzdem sehr ruhig und auf einem veritablen Hügel. Kaum zu glauben, dass wir hier in einer Metropole sind. Mit dem Berg ringe ich in den kommenden Tagen auf den abendlichen Touren heimwärts zum Campingplatz, denn wir erkunden London mit dem Fahrrad. Ich liebe das Fahrradfahren in Städten. Ich mag die Mobilität und die Unabhängigkeit vom öffentlichen Verkehrssystem. Außerdem kann ich so ganz andere Ecken einer Stadt entdecken.

Drei Tage in London und wir klappern gefühlt alle Sehenswürdigkeiten ab: Kensington Gardens, Hyde Park, Diana Memorial, Albert Bridge, National Museum of History, Harrods und Notting Hill erkunden wir am ersten Tag.

An Tag zwei schließe ich unseren Sohn nach langer Zeit mit mütterlichen Tränen der Freude endlich wieder in die Arme, als wir ihn bei seiner Gastfamilie abholen. Zu dritt radeln wir zum Greenwich Park und genießen den Blick auf die Skyline von Canary Wharf. Runter zur Themse und dann durch den Fußgängertunnel unter der Themse hindurch, um auf der anderen Seite im Bankenviertel wieder auszukommen. Felix hat sein Fahrrad extra für seine Au-Pair-Zeit nach London mitgenommen. Er zeigt uns seine Lieblingsorte und feiert seine „alten" Eltern dafür, dass sie sich auf Rädern im Linksverkehr zwischen roten Doppeldecker-Bussen auf Londons Straßen trauen. Unser Sohn muss zurück zu seiner Arbeit und wir fahren ohne ihn weiter.

Wir drehen eine Runde durch Canary Wharf und fahren dann entlang der Themse zur Tower Bridge. Die Frage, ob wir unsere Räder über die Brücke schieben oder mit dem Fahrrad fahren, ist schnell beantwortet. Wir radeln! Weiter zur Tate Gallery. Die steht auf meiner Löffelliste. Da muss ich unbedingt rein.

Tag drei beginnt mit dem spektakulären Tipp unseres Sohnes. Wir genießen vom Sky Garden aus den traumhaften Ausblick auf die Skyline von London. Ich hätte da oben Stunden verbringen können. Doch wir wollen noch die St Paul`s Cathedral sehen, den Trafalgar Square und den Buckingham Palace. Am Big Ben, den Houses of Parliament und dem London Eye vorbei führt unser Weg noch „kurz" ins British Museum, bevor wir dann zu einem abendlichen Treffen mit Felix Gastfamilie fahren.

Die intensive Tagestour wird zu nächtlicher Stunde erneut durch die für mich heftige Bergwertung zurück zur Crystal Palace Club Campsite gekrönt.

Ich bin ziemlich beeindruckt von London. Die Stadt zeigt sich von ihrer besten Seite mit Sonnenschein und freundlichen Menschen.

Dschungel

#218 am 18./19. Juni 2017 – irgendwo in Cornwall

„Wir sind wie die drei Missionare im Dschungel!", kommentiert unser Sohn von der Rückbank. Zu dritt unternehmen wir ein verlängertes Wochenende durch Südengland, bevor wir ihn dann in Poole in den Zug nach London setzen werden.

Auf dem Weg zu den legendären Bedruthan Steps spricht das Navi: „Links abbiegen" und ich folge ihm gehorsam. Was dann kommt übersteigt alles, was ich bisher erlebt habe. Die Fahrspur wird immer enger und enger. Rechts und links stehen meterhohe, blickdichte Hecken. Der Freiraumbus streift sie mit den Außenspiegeln, so unfassbar eng ist das hier. Wir fühlen uns wirklich wie im Dschungel. „Und jetzt will uns doch glatt noch jemand überholen", verkünde ich munter und Felix ruft von der Rückbank: „Echt jetzt!". Natürlich ist das ein Scherz meinerseits, der aber angesichts der Situation gut ankommt. Tatsächlich begegnen uns zwei Fahrradfahrer, die sich in die Lücke einer Hecke quetschen müssen, damit ich vorbeifahren kann. „Ist das vielleicht gar keine Einbahnstraße?", frage ich mich panisch.

Irgendwann endet die unendliche Hecke vor einem kleinen Fluss mit einer schmalen, typisch englischen Steinbrücke. Rechter Hand sehe ich einen Landrover durch das Flussbett holpern. Mir wird ganz mulmig. Umdrehen ist wahrlich keine Option. Mein geschultes Augenmaß verkündet, die Brücke ist breit genug für den Freiraumbus. Mutig, sehr mutig und ganz, ganz langsam fahre ich mein geliebtes Auto auf die Brücke. Ich befürchte schreckliche Lackschäden.

Augenmaß und Fahrkönnen sind perfekt. Hier ist wirklich Eigenlob angebracht. Rechts und links sind nur noch knapp zehn Zentimeter Luft. Und ich rede vom Blech, denn die Spiegel sind so weit oben, dass sie über die Begrenzung der Brücke ragen. Ich überquere ohne eine einzige Blessur am Freiraumbus diese Brücke und bin schweißgebadet, als ich auf der anderen Seite ankomme. Es dauert, bis ich dann endlich wieder auf einer „normalen" englischen Landstraße ankomme. Wobei „normale" Landstraßen in Cornwall auch unfassbar schmal sind. Ich sollte einfach nicht alles glauben, was mein Navi sagt oder vorher mal Google Maps fragen.

Schreck auf der Landstraße
#219 am 19./20. Juni 2017 – Cornwall

Der Lkw rast direkt auf uns zu. Ich schreie: „Left, left!" Mein Mann, der am Steuer sitzt, weicht sofort nach links aus. Wir haben nur die Wahl zwischen Hecke touchieren oder Außenspiegel opfern. Dann lieber Hecke.

Hecke ist im Prinzip die richtige Entscheidung, wäre da nicht das hochstehende Metallstück am Gullydeckel, das den linken Hinterreifen durchbohrt. Es knallt und wir wissen sofort: „Der Reifen ist hin!" Glück im Unglück ist die kurze Ausweichbucht, in die der Freiraumbus nur ein paar Meter weiter quer durch den Gegenverkehr auf die rechte Seite gerade noch so rollen kann. Das Thema „Reifenpanne" habe ich immer verdrängt. Ich weiß, dass es einen Wagenheber gibt und finde dank Handbuch den gut unter dem Auto versteckten Ersatzreifen. Allerdings ist die Beschreibung, wo der Wagenheber angesetzt werden muss, total mangelhaft. Ich rufe die heimische Werkstatt an, während meine Männer das Ersatzrad aus der Halterung herunterkurbeln. Unsere Nerven liegen blank. Die Sonne brennt total unenglisch auf uns herab. Autos rasen dicht vorbei. Die Werkstatt schickt einen Plan für den Wagenheber. Mit vereinten Kräften können wir den Reifen wechseln. Zum Glück stammt der Ersatzreifen aus der gleichen Serie, wie die übrigen Reifen. In der Nähe finden wir eine Tankstelle zum Kontrollieren des Reifendrucks und setzen dann die weitere Reise mit dem Ersatzrad fort.

An diesem denkwürdigen Tag schaffen wir es sogar noch, Felix pünktlich in Poole zum Zug nach London zu bringen. Wir Eltern wollen mit der Fähre nach Cherbourg in Frankreich übersetzen und dort die Küsten der Normandie erkunden.

Croissant am Morgen
#123 am 21./22. Juni 2017 – Cap de la Hague

Schwungvoll und mit Hupkonzert biegt ein Auto auf den Wohnmobilstellplatz ein, der oberhalb vom Leuchtturm am Kap liegt.

Ein schöner Blick übrigens, doch der interessiert am frühen Morgen zur unchristlichen Zeit gerade nicht. Wer zum Teufel fährt frühmorgens hupend auf einen Stellplatz und

weckt alle auf? Ich blicke aus meinem Dachfensterchen und wen sehe ich? Die Bäckersfrau, die frische Baguettes und Croissants direkt aus ihrem Auto heraus verkauft.
Okay, ich vergebe ihr das Hupkonzert und stelle mich im Schlafanzug, wie alle anderen in die kleine Schlange und erwerbe „deux croissants pour notre petit déjeuner".
Croissants zum Frühstück und dazu bei einem feinen Kaffee den Blick auf den Leuchtturm genießen.
Das Leben ist schön!

Gänsemarsch
#224 am 24./25. Juni 2017 – Étretat

Der Küstenpfad führt mich weg vom touristischen Getümmel in Étretat. In einiger Entfernung suche ich mir einen ruhigen Platz mit Blick auf die elefantenförmige Steinformation, die so weltbekannt ist. Ein guter Ort für Qi Gong, das ich seit einiger Zeit praktiziere. Qi Gong, besser gesagt in meinem Fall die „acht Brokate" an einem schönen Ort mit weitem Blick zu üben, das hat schon was.

Entspannt praktiziere ich meine Übungsabläufe, als es auf einmal hinter mir schnattert. Im Augenwinkel sehe ich eine ganze Busladung chinesischer Tourist:innen, die hinter mir im Gänsemarsch vorbei läuft.

Es ist aus mit meiner meditativen Ruhe. Das kann ich gar nicht leiden, wenn es sich so anfühlt, als wenn hinter meinem Rücken über mich gesprochen wird. Oder mich Menschen von hinten anstarren. Ob es so ist, ich habe keine Ahnung. Zum Glück verstehe ich kein Chinesisch und die Gruppe entfernt sich schnatternd. Zum Glück, denn nun kann ich wieder in Ruhe weiter üben.

Und dann geht unsere Reise noch nach Bayeux und an die Strände des D-Days, um dann quer durch Frankreich wieder zurück nach München zu führen.

Podcast in den Weinbergen
#233 am 14./15. Juli 2017 – Gimmeldingen

Kurz nach der Rückkehr von der wunderbaren Sommerreise fahre ich in die Pfalz.

Ich werde für den Eigenstimmig-Podcast* interviewt. Sarah habe ich im Mai zum ersten Mal in echt auf der re:publica in Berlin kennengelernt. Bis dahin kannten wir uns nur via Twitter. Das Eigenstimmig-Podcast-Projekt* verfolge ich schon länger und deshalb bin ich total verzückt über ihre Anfrage. Ein weiterer Wunsch meiner Löffelliste geht damit in Erfüllung.

Die beiden Initiatorinnen des Podcasts, Sarah und Julia, beschreiben ihr Projekt so: „In unseren Interviews stellen wir ganz unterschiedliche Frauen vor, die alle eins gemeinsam haben: Sie gehen ihren ganz eigenen Weg entlang ihrer Leidenschaft(en) für das, was ihnen wichtig ist und manchmal auch entgegen aller Widerstände von außen."

Normaler Weise besuchen Julia und Sarah ihre Interviewpartnerinnen daheim in deren Räumlichkeiten. In meinem Fall bedeutet „daheim", dass wir für das Gespräch im Freiraumbus sitzen, der in den Weinbergen von Gimmeldingen steht. Ich bin völlig unnötiger Weise unfassbar aufgeregt. Doch die Zeit vergeht wie im Fluge. Am Ende sind fünfundfünfzig Minuten Gedankenaustausch aufgezeichnet. Ich weiß, dass ich nun immer dann, wenn ich zukünftig meinen inneren Leitstern aus den Augen verliere, in mein Interview* hineinhören werde.

Das Eigenstimmig-Netzwerkfest
#234 am 15./16. Juli 2017 – Gimmeldingen

Nach dem gestrigen Interview* schwebe ich immer noch auf Wolke sieben. Heute folgt gleich das nächste Highlight. Ich erlebe das wunderbarste, großartigste, liebevollste Netzwerkfest seit langem.

Julia und Sarah haben all die Frauen eingeladen, die sie schon für ihren Podcast interviewt hatten und ganz viele sind ihrer Einladung gefolgt. Ich bin so dankbar, nun eine von ihnen zu sein.

Weil ich viele der Interviews gehört habe, fühlt es sich für mich so an, als würde ich die anderen schon ewig kennen. Ich mag das ja sehr, wenn ich Menschen in echt treffe und sie sind dann so, wie ich sie mir durch Social Media oder Interviews vorgestellt habe. Die Gespräche sind intensiv und immer tiefgehend, persönlich und sehr ehrlich.

Der Tag ist garniert mit Workshop-Sequenzen, die wir untereinander halten. Feedback, Ideen und Impulse werden reihenweise verschenkt. Zwischendurch gibt es (Eis)-Kaffee und Kuchen. Liebevoll, bis ins kleinste Detail organisiert. Die beiden haben an alles gedacht. Es ist für mich ein großes Geschenk, Teil dieser wunderbaren Gemeinschaft sein zu dürfen. Voller Dankbarkeit im Herzen fahre ich heim.

Comicbiografie: Auf der Zielgeraden
September 2017 – München

Trommelwirbel und Tusch. Vor zwei Tagen habe ich in einer Nachtschicht den Scanner zum Rauchen gebracht. Zweiundsiebzig Seiten sind in schwarz-weiß eingescannt und warten auf die Weiterverarbeitung. In meinem Kopf sehe ich bereits das fertige Buch. Nun ist ein weiterer Meilenstein erreicht und die Zielgerade meines Projektes kommt in Sicht. Das erfüllt mich mit großer Dankbarkeit.

Für die Comicbiografie habe ich extra eine eigene Schrifttype entwickelt, mit der ich nun die Texte digital einfüge. Noch ein weiterer Korrekturlauf, dann kann ich die Zeichnungen mit digitaler Farbe füllen. Die Zwischentexte sind bereits bei meiner Lektorin. Das Buch zu machen ist eine Idee, die ich seit Beginn der Reise im Freiraumbus in meinem Herzen trage. Es soll „Mein Haus am See hat Räder" heißen. Anfangs schrieb ich tagebuchartige Texte.

Auf die Frage, wer mein Buch lesen wird und was ich meiner Leserschaft mit auf dem Weg gebe, fand ich nur schwer eine Antwort. Also beschäftigte ich mich mit dem Konzeptionieren eines Exposés. Dabei lernte ich sehr viel über die Struktur meines zukünftigen Buches. Doch damit kam auch die Erkenntnis, keine weitere Energie mehr in die Verlagssuche investieren zu wollen. Ich entschied mich für den Selbstverlag. Nach vielen Ideen, Strukturblättern und Analysen kam mir die entscheidende Idee: Ich mache das, was ich noch besser kann als schreiben, ich zeichne mein Buch. Klingt klar und logisch, doch nun alles in ein gezeichnetes Format zu bringen, war eine Herausforderung. Ich entschied mir Unterstützung zu suchen und gründete eine Facebook-Gruppe für mein

Buchprojekt. Das war eine sensationell gute Entscheidung, weil ich immer wieder wesentliche und hilfreiche Impulse aus der Gruppe bekam, zudem Ermutigung.

Nach und nach fügten sich meine Ideen und die ersten passenden Zeichnungen entstanden. In diesem Februar schickte ich eine kopierte Rohfassung an sieben Probeleserinnen und einen Probeleser. Innerhalb von zwei Wochen bekam ich von allen eine Rückmeldung. Ich war gerührt und beeindruckt über das Tempo und die Unterstützung. Die Feedbacks waren liebevoll, wertschätzend, hinreißend erfreut und an einigen Stellen Fehler aufzeigend. Es ging um die Struktur, um die Fülle an Informationen und um die Schrift.

Ich hatte unterschätzt, was das Feedback mit mir machen wird. Das ist wie bei einer Vernissage. Wenn die Bilder dann endlich an der Wand hängen und alle sie anschauen können, dann fühle ich mich, als würde ich nackt da stehen. So war das auch mit der Comicbiografie. Doch wenn ich Menschen bitte, einen kritischen Blick auf mein Werk zu werfen, dann muss ich die Antworten aushalten. Sonst hätte ich mir das mit dem Fragen sparen können. Ich legte eine Schaffenspause ein, um die Rückmeldungen zu verstoffwechseln. Dann war ich genervt, denn ich wollte ja mit dem Buch auf Reisen gehen. Irgendwie hielt mich das Projekt davon ab, Freiraumbus zu fahren. Ich ärgerte mich über mich selbst und entschied, dem Ganzen mehr Zeit einzuräumen.

Zusätzlich organisierte ich mir Unterstützung in Form von Buchcoaching und Lektorat. Nicole* stellte mir nochmal kritische und strukturelle Fragen. Die Zusammenarbeit tat und tut mir gut. Ich bin dankbar, nun eine Sparringspartnerin mit im Boot zu haben.

Sehr viele Zeichnungen und Konzeptblätter später stand die finale Fassung und ich begann mit den Reinzeichnungen. Es war wichtig für mich, dass ich alle Zeichnungen in Papier vor mir liegen hatte. Ich glaube, komplett digital hätte ich dieses Projekt nicht gestemmt.

Vollbracht
9. November 2017 – München

Die Druckerin meines Vertrauens überreicht mir zwanzig Kartons mit meinen Büchern. Am liebsten würde ich mich mit meinen frisch geschlüpften Bücherküken im Freiraumbus an einen ruhigen Ort zurückziehen und dieses feine Gefühl der Fertigstellung noch ein paar Tage auskosten.

Fünfhundert Stück habe ich drucken lassen. Erstaunlich, wie schwer doch Bücher sind. Nun stehen die Kartons im Freiraumbus und ich lasse mich mit meinen Bücherküken fotografieren. Ein berauschendes Gefühl von Freude und Zufriedenheit über meinen Durchhaltewillen und Tatendrang erfüllt mich.

Ich teile mein Glück mit diesem Foto auf Social Media, bevor ich mich ganz fürsorglich und langsam durch den Münchner Berufsverkehr nach Hause staue.

Was mich beim nächsten Öffnen meines Handys daheim erwartet, das haut mich völlig aus den Socken. Die wundervollste Welle aus Kommentaren, Herzchen und Likes, die ich jemals auf meinen Social-Media-Kanälen erleben durfte, umflutet mich. Bestellungen, Mitfreude, Zustimmung und Applaus krönen diesen besonderen Tag. Ich freue mich, dass mein Buchbaby nun in der Welt ist.

Probeleserin Sabine
#257 am 29./30. November 2017 – Hamburg

Um Haaresbreite passt der Nugget unter dem mit Efeu getarnten Stromkabel hindurch. Ich darf im Hof der Glaserei parken und möchte Sabine persönlich ihr Exemplar meiner Comicbiografie überreichen. Das ist mir ein besonderes Herzensanliegen und ein guter Grund, dass wir uns endlich wieder sehen. Denn Sabine hasst den November, das ist der doofe Monat, in dem sie vor zwei Jahren ihre Diagnose bekam. Sie sagt ja Schnieptröte zu ihrem Eierstockkrebs. Ich hoffe, dass ich ihre Lebensgeister mit meinem Besuch ein bisschen aufmuntern kann in diesem grauen Monat.

Die Übergabe der natürlich signierten Comicbiografie zelebrieren wir dann ganz standesgemäß bei einem leckeren Essen im Freiraumbus.

Liebe Sabine,
du bist mir ein ganz besonderes Vorbild. Dir verdanke ich die wesentlichen Hinweise zur Hochsensibilität*. Hätte ich dich doch schon früher gekannt, dann hätte ich einen Namen gehabt für mein „immer schon gefühltes Anderssein". Ich bewundere, wie du offen mit deiner Krankheit umgehst. Deine Nasenmännchen-Zeichnungen sind unübertroffen. So kannst du auch schwere Kost leicht bekömmlich für die anderen sichtbar machen. Das ist wahre Kreativität. Außerdem bist du die Königin des Glückspengs. Du entlockst jedem Tag – und sei er noch so doof – einen guten Moment.

Du sagst immer:
„Das Leben ist jetzt! Lass uns das Beste daraus machen."
Danke für deine Sichtweise auf die Welt.

2018 – Im Freiraum unterwegs

Enge in der Brust
#266 am 10./11. März 2018 – Schorndorf

Der unangenehme Druck auf der Brust macht mir Kummer. Habe ich vielleicht doch meine Grippe vom Jahresanfang nicht ordentlich auskuriert? So ganz allein im Freiraumbus gehen die Gedankenpferde mit mir durch.

Gestern noch ist meine Welt fein gewesen. Ich war bei Gabriele, die ich beim Thema Freiraum in Räumen unterstützen durfte. Ich mag das sehr, wenn ich auch meine Profession der Innenarchitektur unterwegs leben darf.

Hilft ja nichts, denke ich mir. Ich brauche Ruhe in meinem aufgewühlten Geist, bevor ich zu einer Familienfeier nach Köln weiterfahren kann.

Mein Bauchgefühl rät: „Arztbesuch!"
Mein Kopf fragt: „Na toll – und wo?"

Doch wie so häufig ist auch hier Google mein Freund. Ich finde eine Notfallpraxis in der Nähe. Dort wird meine Lunge abgehört und auch sonst werde ich durchgecheckt. Es ist alles in Ordnung!

Ich bin zutiefst dankbar, dass ich auf Reisen mit meiner Krankenversicherungskarte unkompliziert zu einer Ärztin oder einem Arzt gehen kann.

Nun steht meiner Weiterfahrt nichts mehr im Weg.

Ritualtagung
#281 am 22./23. April 2018 – Innsbruck

Die Organisatorinnen vom „Netzwerk Rituale" hätten sich keinen besseren Ort für die Tagung aussuchen können. Das Tagungszentrum „Grillhof" liegt oberhalb von Innsbruck mit einem genialen Weitblick. Das Wetter tut sein Übriges: Strahlend blauer Himmel und sommerliche Temperaturen.

Das Eintauchen in unterschiedliche Rituale, angeleitet und ausgerichtet von den Mitgliedern des Netzwerks ist wunderbar. Mir wird wieder mal bewusst, wie gut es tut, mit den Energien des Jahreskreislaufs zu gehen, anstatt mit viel Kraft das Rad in die gegenläufige Richtung zu zwingen.

Besonders berührt mich das Abschlussritual aller Teilnehmenden auf der großen Wiese mit Blick auf die gegenüberliegende, spektakuläre Bergkulisse. In diesem Riesenkreis spüre ich gleichzeitig Gemeinschaft und mich als Individuum. Eine intensive Erfahrung, die meine Seele nährt. Großartige Begegnungen mit tollen Menschen, liebevolle Gespräche, Wertschätzung, spirituelles Wissen und viel Neuland prägen dieses Wochenende.

Ganz besonders freue ich mich, dass ich Michaela, die eine meiner Probeleserinnen der Comicbiografie ist, endlich in echt kennenlernen darf.

Ich erkenne in diesen Tagen, dass ich bereits intuitiv Rituale in mein Leben integriert habe: Tageskarten ziehen aus meinem Kartenset; Morgenseiten schreiben; Qi Gong machen; Wintersonnenwende im Freiraumbus feiern; meine Rauhnachtszeit; eine Jahresvisionscollage machen.

Ich nehme mit, noch intensiver auf die Energien des Jahreskreislaufs zu achten, meiner Intuition tiefer zu vertrauen und meiner Spiritualität mehr Raum zu schenken.

Beerdigung
#230 am 30./31. Mai 2018 – Köln

Schwarze Klamotten hängen auf Bügeln hinten im Bus. Das heutige Ritual hat einen traurigen Anlass. Anfang Mai ist mein Schwiegervater unerwartet und überraschend von einem auf den anderen Tag gestorben. Jetzt steht der Freiraumbus in Köln. In der letzten Nacht haben mein Mann und mein Sohn darin übernachtet, während meine Tochter und ich im Hotel schliefen.

Eigentlich wollten mein Mann und ich auf große Silberhochzeitsreise nach Skandinavien aufbrechen. Stattdessen planen wir die Beerdigung und verschieben unseren Reisestart auf den fünften Juni. In dieser emotional dichten Zeit schaffen wir es immerhin doch noch, unser besonderes Jubiläum ein wenig zu feiern und gemeinsam mit unseren Kindern den Fotografen aufzusuchen, der vor fünfundzwanzig Jahren unsere Hochzeitsbilder gemacht hat.

Viele Menschen erweisen meinem Schwiegervater die letzte Ehre. Manche hatten eine weite Anreise. Gemeinsam stehen wir bei strahlend blauem Himmel und hochsommerlichen Temperaturen auf dem Friedhof zusammen. Wir hören wunderbar stimmige Abschiedsworte und begleiten ihn auf seinem letzten Weg. So traurig dieser Anlass ist, eine Beerdigung ist immer auch eine Art Familienfeier. Ich kann meine Eltern in die Arme schließen. Ich bin so dankbar, dass ich die beiden noch in meinem Leben habe. Die Patin unseres Sohnes ist extra angereist und rührt mich mit ihrem Kommen zu Tränen.

Freund:innen und Weggefährt:innen berichten beim anschließenden Zusammensein in seinem Lieblingslokal von schönen Erlebnissen mit dem Verstorbenen. Es tut gut in Erinnerungen und Geschichten, die wir mit ihm erlebt haben, zu stöbern. Trotz aller Trauer wird auch gelacht.

Das hätte ihm gefallen, da bin ich mir sicher.

Im Rückspiegel
#285 am 1./2. Juni 2018 – Mülheim

Nach vier intensiven Familientagen ist es Zeit, die Heimreise nach München anzutreten. Der Abschied ist gepaart mit Wehmut. Ich bin dankbar für die Zeit, die wir noch bei meinen Eltern verbracht haben.

Eine letzte Umarmung und dann sitze ich mit meiner Familie wieder im Freiraumbus. Im Rückspiegel sehe ich meine Eltern winkend am Straßenrand stehen und immer kleiner werden. Da uns sechshundert Kilometer trennen, ist das für mich jedes Mal ein sentimentaler Moment.

Ich brauche ein Taschentuch und bin froh, dass mein Mann die erste Etappe am Steuer übernimmt.

Meine Wehmut nimmt ab mit jedem Kilometer, den wir in Richtung Heimat zurücklegen und die Vorfreude auf die große Reise steigt.

Silberhochzeitsreise: Es geht los
#286 am 5./6. Juni 2018 – München – Magdeburg

Der Silberhochzeitsmann hatte nach längerem Ringen durch die Hierarchien seines Arbeitgebers vier Wochen unbezahlten Urlaub aushandeln können. Die Angst, dass diese Sonderregelung ganz viele Mitarbeitende zur Nachahmung inspirieren würde, war groß gewesen. Den Zusatzmonat hat er ergänzt mit vier Wochen Jahresurlaub. Nach Abzug der Trauerfeier-Woche bleiben uns noch sieben Wochen Reisezeit und das ist zum Glück immer noch gigantisch viel.

In den verbleibenden Tagen bis zur Abreise ist das Abarbeiten der extralangen Vorbereitungsliste angesagt. Vor unserer Englandreise im vergangenen Jahr hatte ich eine hilfreiche Packliste angelegt, die ausgedruckt und laminiert im Nugget liegt. Diesmal müssen die Entscheidungen für die nächsten sieben Wochen reichen.

Welche Kleidung? Was fehlt noch an Lebensmitteln? Der Freiraumbus wird ausgeräumt, schließlich brauchen wir keine Karten für den Bayrischen Wald, wenn wir durch Norwegen reisen. Tanken und Luftdruck prüfen steht auf dem Plan. Die Laptops benötigen noch Sicherungskopien. Testament und Verfügungen sollen auf dem neuesten Stand sein. Der Hausschlüssel muss noch zur Nachbarin. Froster und Kühlschrank werden abgetaut. Das „Büro auf Reisen" muss gepackt werden. Der Arbeitsberg wird gefühlt größer, statt kleiner.

Dann ist doch alles erledigt. Wir sind ziemlich platt, aber immerhin nun reisefertig. Am frühen Abend, bei Tachostand 46.265 Kilometer startet die erste Etappe unserer Silberhochzeitsreise. Wir schruppen in einer nächtlichen

Tour von Süd nach Nord quer durch Deutschland bis zum Magdeburger Wasserstraßenkreuz, wo wir uns auf einem Parkplatz zur Nachtruhe betten.

Herzensthema
#286 am 5./6. Juni 2018 – Magdeburg – Flensburg

Mein Handy klingelt. Eine liebe Kundin fragt, ob ich Lust auf ein Zeichenprojekt habe. Ich erzähle, dass ich auf Hochzeitsreise bin und erfrage die zeitlichen Rahmenbedingungen. Mein Liebster fährt derweil den Freiraumbus nach Flensburg, was lange dauert, weil wir von einem in den nächsten Stau geraten.

Arbeit und Leben weiter verweben, das ist mein persönliches Herzensthema. Ich bin gerade total beglückt, dass sich dieser Wunsch so schnell erfüllt. Ein bisschen habe ich Muffensausen, ob ich das Projekt unterwegs hinbekommen werde. Aber erst mal kalkuliere ich das Angebot. An mein Laptop komme ich während der Fahrt nicht dran. Dafür ist mein Zeichenzeug in Reichweite. Spontan entschlossen gebe ich zum ersten Mal in meiner Berufslaufbahn ein gezeichnetes Angebot ab. Die Kundin ist hellauf begeistert und erteilt sofort den Auftrag.

Perspektivwechsel
#290 am 9./10. Juni 2018 – Hvide Sande

Die Fähre nach Norwegen ist schon lange gebucht, deshalb flitzen wir durch Dänemark. Jetzt merken wir doch, dass die eine Woche fehlt. Die Stimmung zwischen uns ist ein wenig sperrig. Da hilft erfahrungsgemäß nur etwas Distanz. Ich spaziere zum in der Nähe gelegenen Leuchtturm Lyngvig Fyr. Ich erklimme den Leuchtturm und freue mich, den Freiraumbus in den Dünen zu entdecken. Von oben sieht die Welt gleich ganz anders aus. Was sich unten sperrig anfühlt, ist von hier oben betrachtet wahrlich unwichtig. Der weite Blick über Land und Meer beruhigt mein Gemüt.

Spucktüte
#291 am 10./11. Juni 2018 – Hirtshals

Ich liebe Fährfahrten. Am liebsten lasse ich mir draußen an Deck den Wind um die Nase wehen, doch heute ist es sehr stürmisch. Mein Mann frotzelt: „Lass uns Spucktüten mit an Deck nehmen!" Ich antworte großspurig, dass ich so was nicht brauchen würde.

Diese Fähre ist anders als die, mit denen ich bisher gefahren bin. Sie hat einen innen liegenden Wendekreis. Seitlich gibt es noch Nischen und in so eine wird der Freiraumbus eingewiesen. Noch Gashahn zudrehen und dann an Deck.

Zum Glück finden wir ganz vorne in der Lounge Sitzplätze direkt am Fenster, denn als die Fähre ablegt, geht die wilde Fahrt los. Sturmartige Böen peitschen die Wellen am Fenster vorbei. Ich übe mich in maximaler Konzentration und fixiere konstant den Horizont, um meine Übelkeit in den Griff zu bekommen. Die Blöße will ich mir dann doch nicht geben und die tatsächlich vorsorglich mitgenommene Spucktüte in Anspruch nehmen. Auf die Idee, aufs Außendeck zu gehen, komme ich bei dieser Fährfahrt

nicht mehr. Ich bin froh, einfach nur geradeaus zu schau-
en. Vor lauter Angespanntheit sehe ich vor meinem inneren Auge die Autos im Schiffsbauch wild durcheinander
purzeln.

Ich bin so froh, als endlich Norwegen in Sicht kommt und
wir in den Hafen von Langesund einlaufen. Zum Glück
steht der Freiraumbus noch so, wie wir ihn verlassen haben.

Neuland
#295 am 14./15. Juni 2018 – Kristiansand

Fette Böen mit Regen peitschen über den Freiraumbus
hinweg, der am Hafen von Kristiansand parkt. An Stadtbesichtigung ist nicht zu denken. Stattdessen sitzen wir
gemütlich drinnen; lesend und zeichnend.

Mein Handy klingelt. Am anderen Ende ist eine Netzwerkfreundin, die mich fragt, ob ich Lust hätte auf ein Face-
book-Live-Interview zum Thema „Reisetagebuch zeich-
nen". Sie hätte so an Anfang Juli gedacht. Spontan sage
ich zu, auch wenn ich keine Ahnung habe, wo wir am
fünften Juli sein werden. Zoom und Facebook werden
dann wohl ordentlich an meinem Surfvolumen nagen.
Acht Gigabyte pro Monat sind dann doch arg wenig.
Wahrscheinlich werde ich stabiles WLAN brauchen? Viele
Fragen, die ich im Moment meiner Zusage nicht beantworten kann.

Ich beschließe mutig den nächsten Schritt als digitale Nomadin zu gehen und verschiebe die Gedanken über die
technische Umsetzung dieses Interviews auf Anfang Juli.

Neuland betreten steht für mich an diesem Tag gleich noch mal an. Diesmal ist es das Briefing-Telefonat mit der Kundin, für die ich anfangs der Reise das Angebot geschrieben habe. Ein Briefing-Telefonat ist an sich für mich nichts Neues. Normaler Weise führe ich solche Gespräche aber alleine; ohne dass mein Mann anwesend ist. Für ihn ist diese Reise Urlaub. Für mich ist sie von Anfang an das Experiment, Urlaub und Arbeit zu verweben.

Die Abwicklung des neuen Auftrags darf ich in unser Reiseleben integrieren. Ich kommuniziere, dass ich eine Stunde Ruhe brauche, um mein Telefonat zu führen. Mein Mann schottet sich mit Kopfhörern ab und ich konzentrierte mich auf die Informationen meiner Kundin.

Leuchtturmliebe
#296 am 15./16. Juni 2018 – Lindesnes Fyr

Ich sitze auf den Felsen unterhalb vom Lindesnes Fyr. Dieser Leuchtturm liegt an Norwegens Südkap, zweitausendfünfhundertachtzig Kilometer vom Nordkap entfernt. Schon der Weg zum Leuchtturm ist ein Traum. Weite Ausblicke auf das Meer, dazu Sonnenschein und blauer Himmel, genau das Richtige nach dem gestrigen Gruselregenwettertag.

Die Wellen branden immer wieder an die Felsen. Das wohlige Gefühl in mir murmelt, dass so der ideale Freiraumtag aussieht. Mit dieser Stimmung gelingt mir das perfekte Wellen-Wasser-Weitblick-Aquarell, ganz ohne Vorzeichnung. Das gelingt mir nur sehr selten.
Und dann besteige ich am Abend noch den kleinen, wundervollen Leuchtturm mit der roten Bemalung.

Mutiger Abstieg
#297 am 16./17. Juni 2018 – Egersund

Die Brufjell-Höhlen locken, auch wenn ich noch ewig am Leuchtturm hätte sitzen bleiben können. Der Aufstieg zum einhundertvierundachtzig Meter über dem Meer ragenden Brufjell-Gipfel ist deutlich steiler, als erwartet. Kurz vor dem Gipfel beginnt der als schwarze Route markierte Abstieg zu den Höhlen. Wanderer, die uns entgegen kommen berichten von Seilen und Bügeln im Fels. Klettern ist echt nicht mein Ding, doch für die Aussicht auf einen genialen Weitblick überwinde ich meine Angst. Auf allen Vieren, entlang gespannter Seile, über Steigbügel und mit Hilfe des Hosenbodens gelingt der Abstieg. Unsere Mühe wird belohnt. Die Höhlen sind wie mit einem Eiskugelbereiter aus dem Fels geschält. Die Höhlenwände rahmen wie eine Art Vorhang den Ausblick auf das blaue Meer ein. Auch der Rückweg gelingt leicht. Ich bin stolz auf meinen Mut.

Die Euphorie des Tages reicht am Abend sogar noch zum ersten Entwurf meines neuen Kundenprojekts.

Am Abgrund
#299 am 18./19. Juni 2018 – Preikestolen

Ein Bus nach dem anderen spuckt Menschen aus, die wie Ameisenkolonnen und mit abenteuerlicher Fußbekleidung auf den Berg wandern. Der Preikestolen ist eine der Attraktionen in Norwegen. Die Predigtkanzel, wie sie auch genannt wird, ist eine natürliche Felsplattform, die in atemberaubender Höhe über dem Lysefjord hängt.

Es regnet Bindfäden. Der Freiraumbus parkt inmitten der Touristenströme auf dem offiziellen Parkplatz für den Aufstieg zum Preikestolen. Zu viel und zu voll. Die Stimmung ist genervt und die Lust auf diesen Ausflug ist mir vergangen.

Doch der Blick in die Wetter-App verrät, dass es am Nachmittag trocken werden soll. Dann verbringen wir halt bis dahin den Tag im kuschelig aufgewärmten Wohnmobil.

Der Weg hinauf ist steil und sehr gut ausgebaut. Die fast vier Kilometer zur Predigtkanzel ziehen sich wie Kaugummi. Oben erwartet uns ein glattes Felsplateau von circa fünfundzwanzig Quadratmetern. Es fällt ringsum sechshundert Meter senkrecht zum Fjord ab. Eine Absturzsicherung gibt es nicht: Fehlanzeige! Ich leide echt nicht unter Höhenangst, doch der Preikestolen ist da eine ganz andere Hausnummer. Ich halte demütig Abstand zur Kante. Für viele andere ist das „Ich sitze an der Kante Beweisfoto" wichtig. Ich bin nur glücklich, dass keiner abstürzt.

Das Wetter reißt auf und so können wir den weiten Blick über den Lysefjord und in die umliegenden Berge genießen. Mittlerweile ist es Abend geworden. Gut, dass es um diese Zeit des Jahres an Mittsommer so lange hell ist. Das erleichtert uns den Abstieg bei dem nun aufkommenden Wetterwechsel mit dichtem Nebel.

Trotz happiger Parkgebühr ist das Übernachten auf dem Großparkplatz leider verboten und so suchen wir zu später Stunde ein paar Orte weiter einen Parkplatz für die Nacht.

Fjordblick
#307 am 26./27. Juni 2018 – Skolden

Bei Aurland tauchen wir ein in den mit fast fünfundzwanzig Kilometern längsten Straßentunnel der Welt, den Lærdalstunnelen. Das ist ein sehr beeindruckendes Gefühl, so lange durch einen Tunnel zu fahren. Es kommt keine Beklemmung auf, da alle sechs Kilometer der Tunnel sich zu kuppelförmigen Hallen erweitert, die mit eisblauem Licht spektakulär illuminiert sind.

Bei unserem Besuch in Bergen vor ein paar Tagen, hatte ich noch eine lange Unterhose an, weil es so kalt war. Jetzt wird es warm, weil sich heute endlich die Sonne zeigt.

Welch eine herrliche Ausstrahlung die Fjorde gewinnen, wenn sie von Sonnenschein und blauem Himmel gekrönt sind. Unser Tagesziel ist Sogndal am Sogndalsfjord.

Auf den meisten Campingplätzen, die wir auf dieser Reise ansteuern, ist freie Platzwahl. So auch hier. Der Campingplatz ist einer der schönsten, die ich bisher erlebt habe. Wir suchen uns einen Stellplatz direkt am Wasser. Die Chefin ist super nett und versorgt uns liebevoll mit Wander- und Radfahrtipps.

Mein Kundenprojekt ist zwischenzeitlich auch fertig geworden. Ich lade die Dateien, dank schnellem Campingplatz-WLAN an diesem Abend noch in Deutschland in einer Druckerei für Postkarten hoch.

Als ich fertig bin, ist es weit nach Mitternacht und es ist immer noch hell. Mittsommer in Norwegen ist ein wahrlich ein besonderes Erlebnis.

Im Gespräch sein
#310 am 29./30. Juni 2018 – Sognefjellet

Die kurvenreiche, steile Passstraße mäandert aufs Sognefjellet hinauf. Rechts und links der Straße erfreuen gigantische Ausblicke in die Berge. Die ersten Schneefelder säumen den Rand. Blauer Himmel, Sonnenschein, Weitblick und mit Schnee gefleckte Bergrücken sind Seelennahrung. In einem kleinen See schauen wir Eisschollen beim Schmelzen zu. Das ist ein ganz wunderbar entschleunigtes Gefühl!

Wir nehmen uns Zeit für intensive Gespräche und erkennen, dass im Freiraum mehr Tiefgang möglich ist. Das Geheimnis einer langjährigen Beziehung ist: Im Gespräch bleiben, auch wenn es schwierig wird.

Mut
#311 am 30. Juni/1. Juli 2018 – Geirangerfjord

Der Reiseführer spricht von sehr engen Serpentinen. Unser Ziel für den Vormittag ist die Dalsnibba-Aussichtsplattform in eintausendfünfhundert Metern Höhe. Zum Glück ist die Straße breiter als erwartet. Dann steht der Freiraumbus ganz oben auf dem Dalsnibba mit Blick in die norwegische Bergwelt. Hier auf der Aussichtsplattform zu stehen, das fühlt sich ein bisschen so an, als sei ich auf dem Dach der Welt. Ganz klein und ganz unten in der Ferne erahne ich schon den Geirangerfjord, unser nächstes Tagesziel.

Dann kurvt der Freiraumbus die vielen Serpentinen wieder hinunter und weiter hinab zum Geirangerfjord. Der Campingplatz an diesem touristischen Highlight-Ort ist brechend voll. Auf einen Stellplatz mittendrin, ohne Aussicht habe ich so gar keinen Bock. Doch ich kenne ja schon das Prozedere. Gegen elf Uhr morgens zieht die Karawane der Wohnmobilisten einen Ort weiter. Nach und nach werden dann Lücken frei. Deshalb spreche ich mutig Menschen an, die so aussehen, als wenn sie abreisen werden. Ich habe Glück und bekomme deren Platz in der vordersten Reihe, direkt mit allerfeinstem Fjordblick. Und nun Stühle raus, Kaffee trinken und Kreuzfahrtschiffe gucken. So habe ich mir das erträumt.

Am Nachmittag pumpen wir zum ersten Mal die SUPs (mittlerweile hat jeder eins) auf, die wir schon die ganze Zeit durch Norwegen fahren. Es ist Zeit für die große Mutprobe des Tages: Paddeln auf dem eiskalten Geiranger Fjord! Zwischen den steil aufragenden Felsen rechts und links, komme ich mir so winzig vor. Immer wieder müssen wir im Sitzen weiter paddeln, weil die Kreuzfahrtschiffe große Wellen werfen. Nach über drei Stunden Paddeltour kehren wir trocken und unversehrt und sehr stolz zum Freiraumbus zurück.

Hubschrauber am Morgen
#312 am 1./2. Juli 2018 – Trollstigen

Rotorblätter wirbeln frühmorgens Steine auf, die gegen den Freiraumbus prasseln. Vor Schreck sitze ich senkrecht im Bett. Direkt hinter uns setzt ein Hubschrauber zur Landung an.

Wir haben die Nacht auf dem weitläufigen Parkplatz des Besucherzentrums am Trollstigen verbracht. Was zur Hölle ist passiert? Gibt es etwa einen Notfall?

Kaum zu glauben, aber wahr: Der Hubschrauber setzt bloß zwei Wanderer ab und fliegt dann wieder davon.

Etwas Gutes hat der morgendliche Aufreger dann doch. Wir sind extra früh wach. So besuchen wir noch einmal die Aussichtsplattformen und können ohne Besuchermassen den Blick hinab auf den kurvenreichen Trollstigen-Pass genießen, bevor wir ihn dann später selber hinunter nach Åndalsnes fahren.

Auf Augenhöhe
#313 am 2./3. Juli 2018 – Åndalsnes

Der morgendliche Blick aus dem Dachfenster zeigt, dass in der Nacht das Kreuzfahrtschiff AIDAsol in den Hafen von Åndalsnes eingelaufen ist. Das wollen wir uns genauer anschauen und parken deshalb für unser Frühstück auf einen anderen Platz um. Dort können wir der AIDA tief ins Auge schauen. Mit diesem schönen Blick darf ich die ersten Klärungen des neuen Auftrags für eine Schweizer Kundin machen.

Leider sagt der Wetterbericht für die nächste Zeit kalte und windige Temperaturen für die Küstenstrecke voraus, die wir eigentlich fahren wollen.

Welch ein Geschenk, dass wir dank Wohnmobil einfach umdisponieren können. Wir verlassen die spektakulären Fjorde und biegen ab ins Landesinnere Richtung Dombrås und von da aus weiter in den Dovre Nationalpark. Die Landschaften verändern ihren Charakter. Sie sind weniger dramatisch, geprägt durch flache Hochebenen und viel Landwirtschaft.

Das Interview
#315 am 5./6. Juli 2018 – Nähe Lillehammer

Meinem Mann gehe ich heute mit meinem Wunsch nach einem stabilen WLAN ziemlich auf die Nerven. Das Datenvolumen auf meinem Handy reicht nicht als Hotspot für das Interview, zu dem ich heute eingeladen bin. Mehrmals parke ich den Freiraumbus auf dem Campingplatz um. Dann schließlich habe ich sowohl eine gute Verbindung als auch einen Platz mit einem schönen Ausblick.

Ich werde zum Thema Reiseskizzen interviewt. Das passt ganz wundervoll, da ich jeden Tag meine Erlebnisse mit einem Eintrag in meinem Reisetagebuch einfange. Nun kann ich meine Erfahrungen teilen. Das Interview erfolgt per ZOOM und wird dann live zu Facebook übertragen. Es gibt zwar ein paar Bildauflösungswackler und Facebook schmeißt uns beim Live gehen mal raus, aber sonst klappt alles ganz wunderbar. Nach über vier Wochen Reisezeit bin ich tiefenentspannt und gehe gelassen mit den Technikaussetzern um. Dafür feiere ich mich! Und auch dafür, dass ich mutig eine weitere Hürde als digitale Nomadin genommen habe.

Kontraste
#319 am 8./9. Juli 2018 – Utøya – Oslo

Der Ort ist unheimlich. Gestern Abend ist mir das nicht aufgefallen. Jetzt, am Morgen verströmt er eine seltsam verlassene, angespannte Stimmung. Deshalb suchen wir zum Frühstück einen anderen Parkplatz. Dort wird dann klar, weshalb die Energie hier so sperrig ist. Wir stehen vor der Insel Utøya, auf der 2011 ein Rechtsradikaler neunundsechzig Jugendliche erschossen hat. Das Eiland liegt friedlich vor uns im See. Der Gegensatz zwischen der morgendlichen Idylle und unserer Erinnerung an die damalige Berichterstattung hätte krasser nicht sein können. Es ist ein sehr bedrückender Moment. So richtig nach Frühstück ist uns nun nicht mehr und deshalb fahren wir weiter nach Oslo.

In der Marina ist der letzte freie Wohnmobilstellplatz wie für uns gemacht. Der Platz ist weder lauschig noch schön, dafür zentral gelegen. Dank unserer Fahrräder sind wir mobil und erkunden nun entspannt die Sehenswürdigkeiten von Oslo.

Superheißes Sightseeing
#327 am 16./17. Juli 2018 – Göteborg

Die Hauptreisezeit ist angebrochen. In Schweden sind die Campingplätze überfüllt. Das Thema haben wir unterschätzt.

Wieder bekommen wir glücklicherweise den letzten Platz. Diesmal auf dem Stellplatz am Liseberg. Es ist hochsommerlich heiß und sehr stickig. Die Fahrräder bringen uns bergab in die Stadt. So richtig Lust auf die Stadtbesichtigung habe ich heute nicht. Das liegt zum einen an den superheißen Temperaturen und zum anderen daran, dass ich mich so daran gewöhnt habe, in der Natur zu sein. Wir bummeln trotzdem durch die Stadt. Am Hafen verewige ich den Lipstick-Tower, ein Gebäude, das aussieht wie ein Lippenstift, in meinem Reisetagebuch. Und dann besichtigen wir noch den botanischen Garten und den Schlosspark.

Auf dem Rückweg macht der Liseberg seinem Namen alle Ehre. Ich bin völlig fertig, als ich wieder am Freiraumbus ankomme. Kurz danach kühlt ein Gewitter mit Starkregen endlich den heißen Sommertag ab. Leider haben die Camper des neben uns stehenden Wohnmobils vergessen, die Dachluken zu schließen und erleben eine unerfreulich feuchte Überraschung bei ihrer Rückkehr. Wir können das blöde Gefühl (siehe #88) so gut nachfühlen.

Drei Länder an einem Tag
#333 am 22./23. Juli 2018 – Malmö – Kopenhagen – Rostock

Die dreier Schnapszahl passt ganz wunderbar zum heutigen Tag, an dem wir durch drei Länder fahren. Im Superschneckentempo steuere ich den Freiraumbus über die Brücke, die Schweden mit Dänemark verbindet. Fast verursache ich einen Stau, so langsam bin ich unterwegs, weil ich diese großartige Brücke so lange wie möglich auskosten mag. Die gigantische Dimension der Øresund-Brücke lässt sich erst in der Mitte wirklich ermessen. Dort beträgt die lichte Durchfahrtshöhe siebenundfünfzig Meter, damit Tanker und Kreuzfahrtschiffe darunter hindurch fahren können. Es fühlt sich so an, als würde der Freiraumbus über dem Øresund schweben.

Auf Wiedersehen Schweden.
Willkommen Dänemark. Hallo Kopenhagen!

Für Kopenhagen bleibt uns nur ein kurzes Zeitfenster. Wir parken außerhalb des Stadtzentrums am Avanger Strandpark. Von dort aus sind es fünf Kilometer mit dem Rad in die Innenstadt, entlang der Kommune von Christianstad, vorbei an der Oper und über die geniale verschiebbare Brücke in den Nyhavn hinein. Touristenströme und schöne, alte, bunte Häuser. Gegenüber von der Oper liegt die Amalienborg, dort erhaschen wir einen Blick auf den Wachwechsel.

Dann Fredrikskirke, Charlottenborg-Slot und Christiansborg-Slot. Natürlich ist der Besuch der kleinen Meerjungfrau ein Muss. Ich finde sie allerdings enttäuschend klein.

Nach Kopenhagen möchte ich auf jeden Fall noch mal mit mehr Zeit im Gepäck. Das lässt sich dieses Mal leider nicht einrichten. Nun aber geht die Reise weiter nach Gedser, wo wir am Abend die Fähre nach Deutschland gebucht haben.

Auf Wiedersehen Dänemark.
Hallo Deutschland!

Unterm Walnussbaum
#337 am 26./27. Juli 2018 – Mecklenburg-Vorpommern

Meine Freundin Sabine hat Eierstockkrebs und gerade die Nachricht des Rezidivs erhalten. Seit meinem Besuch mit der Comicbiografie im Gepäck (siehe #257) haben wir uns nicht mehr in die Arme genommen.

Ich habe Glück, dass sie gerade in Mecklenburg-Vorpommern und nicht in Hamburg ist. Erst fühlt es sich ungewohnt an, dass ich in Begleitung meines Mannes bin, doch dann verbringen wir drei bei tropischen Temperaturen einen intensiven Nachmittag und Abend unter dem wunderbaren Walnussbaum in ihrem Garten.

Wir reden und schweigen.
Wir weinen und lachen.
Wir halten aus und lassen zu.
Wir schauen dem Tod ins Auge und feiern das Leben.

Es ist eine sehr berührende Begegnung, bei der mein Mann zum ersten Mal in seinem Leben einem ihm bis dahin unbekannten Menschen von seiner Krebserkrankung erzählt. So ist das mit Sabine, sie hat das Talent, mit Menschen in Verbindung zu gehen.

Der Freiraumbus darf ganz hinten im Garten parken und wir verbringen die stillste und lichtärmste Nacht unserer ganzen Reise darin.

Heimkehr
#339 am 28./29. Juli 2018 – Berlin – Bayreuth – München

In Berlin gibt es ein fröhliches Wiedersehen mit der Familie meines Bruders, gekrönt von einer feinen Bootstour über den Wannsee. Mein Lieblingsplatz auf diesem Boot ist ganz vorne am Bug, sozusagen als Galionsfigur. Wir gleiten über das Wasser und ich fühle mich, als würde ich den ganzen Wannsee in meinem Herzen einsammeln. Das ist für mich Freiraum pur!

Nach dem Abendessen erreichen wir in einer Nachtfahrt den Wohnmobilstellplatz in Bayreuth an der Therme.

Am nächsten Morgen starten wir früh die letzte Etappe Richtung Heimat. Die sonntäglich freie Autobahn freut uns sehr, denn wir haben entschieden, dass wir daheim frühstücken wollen.

Nach vierundfünfzig Tagen und knapp fünftausendachthundert Kilometern kehren wir am frühen Morgen nach München zurück. Anders als nach früheren Reisen parken wir den Freiraumbus erst mal vor der Haustür, schnappen uns die Frühstückszutaten aus der Kühlbox und setzen uns gemütlich auf die Terrasse.

Langsames Ankommen ist nach so einer Reise wichtig, denn auch unsere Seelen brauchen Zeit, um wieder daheim anzukommen! Wir sind zutiefst dankbar und sehr glücklich über unsere großartige Silberhochzeitsreise. Auf den Festplatten unserer Erinnerungen sind nun viele Glücksmomente gespeichert; immaterielle Werte, von denen wir in düsteren Momenten des Lebens werden zehren können.

Nach dem Frühstück räumen wir in aller Ruhe den Freiraumbus aus. Das geht erstaunlich schnell, selbst die Wäscheberge sind überschaubar.

Wer weniger dabei hat, muss auch weniger ausräumen!

Unterm Sternenhimmel
#371 am 5./6. November 2018 – Rhön

Ich bin auf dem Weg nach Bielefeld zu einem Kundentermin und mache spontan Zwischenstopp bei Alexandra in der Rhön. Sie ist auch eine meiner Probeleserinnen der Comicbiografie und ich mag sie schon lange mal wiedersehen. Der Freiraumbus darf in der Einfahrt stehen und für die Nacht parken. Nach einem feinen Abendessen lädt mich meine Gastgeberin noch ein, mit ihr in die Sauna zu gehen. Sie hat eine geniale, in einem Hügel im

Garten verbaute sogenannte „Erdsauna". Was für eine schöne Einladung, denn ich weiß, es braucht Vertrauen sich nackt zu begegnen.

Und so sitzen wir schwitzend und gleichzeitig ins Gespräch vertieft in der Sauna. Zum Abkühlen zwischen den Saunagängen legen wir uns nebeneinander im Garten ins Gras. Über uns wölbt sich der Sternenhimmel, der sich dank Lichtarmut im Biosphärenreservat der Rhön in voller Schönheit zeigt. Schon lange habe ich nicht mehr so viel Sterne gesehen wie an diesem Abend. Sogar Sternschnuppen sind dabei.

Ich bin beglückt über Alexandras Gastfreundschaft. Dieser wunderbare, einzigartige Abend kommt in meine Erinnerungsschatztruhe oder wie es im Englischen heißt:

„Collect moments, not things!"

Begegnungsraum
#375 am 9./10. November 2018 – Münster

Auf dem Rückweg von meinem Kundentermin treffe ich in Münster im inspirierenden „Raum für Gestaltung" von Brigitte ein. Ich habe Glück und kann direkt vor dem Schaufenster parken. Heute richten wir gemeinsam ein Tischgespräch rund um meine Comicbiografie aus.

Unser liebevolles und persönliches Setting ermuntert alle Teilnehmerinnen zu großer Offenheit. Wie ein roter Faden zieht sich das Thema Mut durch die Gespräche. Denn es braucht Mut, sein Herz auf dem Weg zu einem maßgeschneiderten Leben in die Hand zu nehmen.

Die tief gehende Begegnung mit unseren Gästen lassen Brigitte und ich bei einem abendlichen Spaziergang durch Münster nachwirken.

Der Freiraumbus darf über Nacht bei Brigitte im Hof parken. Am nächsten Morgen bekomme ich Kaffee und „Duschasyl". So nenne ich das, wenn ich in meinem Bus übernachte und dann morgens bei lieben Menschen die Dusche nutzen darf.

Und dann bin ich selbst Teilnehmerin eines Workshops bei Brigitte. Spielerisch und ideenreich vermittelt sie die Schriftart „Grotesk". Mein kreatives Hirn wird befüllt mit vielen Ideen und Möglichkeiten, die ich in der nächsten Zeit in meinen Zeichnungen umsetzen möchte.

Reisefreiraum
#379 am 13./14. November 2018 – Ruhrgebiet

Das Tolle am Freiraumbus ist, dass ich meine Reiserouten frei gestalten kann. Auf der Rücktour meiner Kundenreise mache ich noch ein paar Tage Zwischenstopp bei meinen Eltern im Ruhrgebiet. Der Freiraumbus parkt wie immer in der Einfahrt. Ich genieße es, dass ich von Mama verwöhnt werde und gleichzeitig meinen Rückzugsraum für mich habe.

Mittlerweile haben meine Eltern sich daran gewöhnt, dass ich mich abends zum Schlafen in meinen Freiraumbus zurückziehe. Ich finde, diese Lösung hat unserem Eltern-Kind-Verhältnis sehr gutgetan. Meine Eltern können ihren Rhythmus leben und ich tappe weniger in die Falle alter Kindheitsmuster.

2019 – Wandelzeiten und Gesundheitskrisen

Alles bleibt anders
Ende Februar 2019 – München

Mein Mann ist nun Privatier. Mit Mitte fünfzig hört er auf zu arbeiten. Das hatte er sich nach seiner überstandenen Krebsbehandlung vor zwanzig Jahren vorgenommen. So schlimm die Chemotherapie damals auch war, sie sicherte sein Weiterleben bis heute.

Der Abschied in seiner Firma ist ruckelig. Die einen freuen sich für ihn, andere sind neidisch. „Kannst du dir das denn leisten?" und „Was machst du denn jetzt mit deiner Zeit?" sind auch mit im Boot. Alles in allem gibt es keine sanfte Übergangsphase, sondern einen klaren Schnitt. Das Großraumbüro wird er jedenfalls nicht vermissen.

Ich unterstütze seine Entscheidung aufzuhören, auch wenn ich gleichzeitig ahne, dass sich unser gemeinsames Leben erneut sortieren muss. Der klare Schnitt fühlt sich für mich, die außenstehende Betrachterin wie eine Wunde an, die nun langsam von innen heraus heilen darf. Von der Arbeitswelt in die Privatier-Zeit, das ist eine mutige Veränderung. Auch wenn er sie bewusst entschieden hat, ihn erwartet eine Art Übergangszeit. Jeder Mensch geht da seinen eigenen Weg. Mein Mann braucht Zeit für sich, das kenne ich schon. Ich hingegen brauche Abstand zu dieser Veränderung und nehme mir Zeit für meine erste große Reise mit der Comicbiografie im Gepäck. Davon träume ich schon, seit das Buch erschienen ist. Ich nenne mein Format „Tischgespräche".

Doppelter Blackout
#382 am 11./12. März 2019 – München – Aschaffenburg

Auf dem Bildschirm ist schwarzes Nirwana; der Rechner ist tot! Der Mega-Gau, gerade heute, wo ich zur Tischgespräche-Reise aufbrechen will. Nur eine kleine blaue LED seitlich an meinem Laptop leuchtet noch. Das stimmt mich dann doch ein bisschen hoffnungsfroh. „Reboot tut gut!", sagt mein Mann immer, doch diesmal hilft der Trick nicht. Bildschirm schwarz, Leuchte leuchtet.

In Gedanken plane ich schon den Kauf eines neuen Laptops. Doch dann habe ich eine Eingebung und frage Onkel Google und siehe da – oh Zeichen und Wunder – es gibt eine klitzekleine Reset-Taste auf der Rückseite, die ich mit Hilfe einer aufgebogenen Büroklammer drücken kann. Danach – juchhu – erwacht mein Laptop aus seinem Koma. Ich bin so erleichtert!

Jetzt steht meinem Reisestart nichts mehr im Wege, denke ich noch, doch dann: „Funkstille". Die Fernbedienung schweigt. Die Tür zum Nugget bleibt verschlossen. Zum Glück kann ich mein Auto auch analog öffnen: So wie früher mit Schlüssel im Schlüsselloch. Tür auf! Es folgt der nächste Schock: Die Zweitbatterie ist tiefentladen.

In meiner Panik sehe ich mich schon den ADAC rufen. Dann erinnere ich mich daran, dass die Zweitbatterie nur für Kühlschrank und Heizung zuständig ist. Sie wird sich aufladen, wenn ich eine lange Strecke fahre. Hoffentlich! Am allerliebsten würde ich sofort den Motor starten, um zu prüfen, ob der anspringt. Doch das ist eine miserable Idee, es sei denn, ich würde sofort losfahren. Ich übe mich in Geduld und packe in der Zwischenzeit meine Sachen in den Freiraumbus.

Solche Hindernisse zehren extrem an meinen Nerven und Geduld ist definitiv keine meiner starken Seiten. Das Glück ist mir heute netterweise ein zweites Mal hold. Beim ersten Versuch springt der Motor komplikationslos an. Die Zweitbatterie erholt sich auf meiner Fahrt nach Aschaffenburg. Dort finde ich einen Stellplatz mit Stromanschluss und gönne der Batterie ein paar Stunden Aufladung. Möge sie mir nach diesen Maßnahmen auf meiner weiteren Reise tapfer zur Seite stehen!

Was sind eigentlich Tischgespräche?
März 2019 – unterwegs

Meine Idee beim Buchschreiben war immer, dass ich anschließend mit dem Freiraumbus auf Lesereise gehe. Das Projekt wandelte sich. Aus dem geschriebenen Buch wurde die gezeichnete Comicbiografie mit wenigen Texten, die sich nicht für eine Lesung anbieten. Schade!

Wenn keine Lesereise, was ist stattdessen möglich?

Das Format, das ich mir ausdenke, ist das Tischgespräch. Ich frage Menschen aus meinem Netzwerk, ob sie Gäste an ihren heimischen Esstisch einladen mögen. Neben der eigentlichen Gastgeberin bin ich an einem solchen Abend gleichzeitig Gästin und ebenfalls Gastgeberin. Ich bin gespannt, wie ich mich in dieser Doppelrolle fühlen werde.

Jede Gastgeberin kreiert auf ihre Weise einen geschützten Rahmen, in dem Austausch und tiefe Gespräche möglich sein sollen. Die Themen sind klar: Es geht um Freiraum und den Mut des Anfangens.

Eine ganze Reihe solcher Gespräche habe ich für März und April organisiert. Meine Reiseroute ist zudem üppig gefüllt mit eins-zu-eins-Gesprächen mit Netzwerkerinnen und lieben Freundinnen. Zwischendrin werde ich auch mal wieder bei meinen Eltern vorbeischauen.

Bei Christine von „liebevoll trauern"
#386 am 15./16. März 2019 – Oberhausen

„Fang bei dir selbst an und stelle dich zutiefst ehrlich deinen Herausforderungen!", das ist die Essenz dieses schönen ersten Tischgesprächs meiner Reise. Mir tut es gut in diesem liebevollen Setting über die Engstellen auf meinem Freiraumfrau-Weg zu berichten und damit kann ich die Gäste ebenfalls zur Offenheit ermutigen.

Christine ist eine wundervolle Gastgeberin. Der Tisch ist schon gedeckt, als ich komme. Ich hatte sie auf Social Media gefragt, ob sie ein Tischgespräch für mich ausrichten mag und sie hatte sofort zugestimmt. Die Plätze waren umgehend reserviert, es gab sogar eine Warteliste. Jetzt sitzen wir zu neunt um die lange Tafel.

Zur Begrüßung darf jede eine Karte aus meinem Kartenset ziehen. Wieder einmal ist es sehr berührend zu sehen, wie gut die gezogenen Karten zu den Menschen passen. Mit diesem Start mäandern wir durch Themen wie Wurzeln, Motivation, Selbstliebe, Ausstrahlung und Engstellen in ehrlichen und zugewandten Gesprächen. Ein schöner Abend geht viel zu schnell zu Ende.

Danke für deine Gastfreundschaft, liebe Christine, den Platz in der Einfahrt und den Kaffee am Morgen danach!

Duschen unterwegs
#392 am 21./22. März 2019 – Velbert

„Wie machst du das eigentlich mit dem Duschen?", werde ich immer mal wieder gefragt, denn der Freiraumbus hat keine Sanitärkabine.

Da gibt es fünf Möglichkeiten:
1. Ich bekomme unterwegs bei den Menschen, die ich treffe, ein „Duschasyl".
2. Ich stehe auf einem Campingplatz oder auf einem Stellplatz mit Duschen.
3. Ich schwimme in einem See oder im Meer.
4. Ich benutze die Außendusche an der Heckklappe.
5. Ich besuche ein öffentliches Schwimmbad.

So wie heute. Der Freiraumbus parkt am Panoramabad in Neviges. Erst schwimme ich ein paar Bahnen und genieße dann anschließend die warme Dusche.

Über Stock und Stein
#397 am 26./27. März 2019 – Möhnesee

„Hast du denn keine Angst so alleine im Wohnmobil?", werde ich auch oft gefragt. „Nein!", antworte ich dann. Bisher habe ich auch noch keine unangenehmen Situationen erlebt. Wenn ich ein komisches Gefühl habe, dann fahre ich an einen anderen Ort.

Anfangs habe ich nicht auf einsamen Parkplätzen übernachtet. Mittlerweile traue ich mich das schon. So auch diesmal auf meinem Weg zum Möhnesee. Frühmorgens stelle ich fest, dass der Wanderparkplatz an einer stark befahrenen Straße liegt. So werde ich ungewollt zum frühen Vogel, was normaler Weise eher nicht so meins ist und stehe um acht Uhr morgens schon auf der Staumauer des Möhnesees. Ein beeindruckendes Bauwerk, das während der Bombardierung des Ruhrgebiets im Mai 1943 schwer beschädigt wurde. Durch die Flutwelle verloren viele Menschen ihr Leben, leider auch noch sehr viele durch die Zwangsarbeit der darauffolgenden Wiederaufbauphase. Wieder einmal beschäftigt mich, was der zweite Weltkrieg für Auswirkungen hatte und bis heute hat.

Als dann endlich die Sonne durch die Wolken lugt, entschließe ich mich zu einer „kleinen" Fahrradtour an und um den Möhnesee. Gesagt, getan und los geradelt. Doch leider treffe ich an der ersten Kreuzung eine grandiose Fehlentscheidung. Statt nach links fahre ich munter nach rechts und lande irgendwann in der Pampa. Über Stock und Stein, durch Matsch und über umgefallene Bäume geht der Weg.

Dabei denke ich die ganze Zeit an Heike, die Heimatwanderin, mit der ich mich vor ein paar Tagen zum Essen getroffen habe, als der Freiraumbus in Mainz stand. Heike ist die, die Menschen beibringt, wie sie sich mit Kompass und Karte orientieren können.

Ich bin ja eher so eine, die einfach losfährt und sich dann wundert, wo sie am Ende wieder auskommt. Meine kleine Fahrradtour weitet sich aus und dauert deutlich länger als erwartet. So ist das bei mir. Angst habe ich keine bei meinen Off-Road-Touren. Ich bin mit einem guten Orientierungsvermögen gesegnet und habe eine Offline-Karte auf meinem Handy (das zudem gut geladen ist). Im Zweifelsfalle würde ich umkehren und den Weg, den ich gekommen bin, wieder zurück fahren. Darauf habe ich gerade überhaupt gar keinen Bock, denn das würde bedeuten, dass ich mein Fahrrad nochmal über all die umgestürzten Bäume tragen müsste. Heike ist die ganze Zeit präsent und hockt mir virtuell auf der Schulter. Ich finde endlich den See und mache Pause auf einer Bank. Der Blick in mein Handy verrät, weshalb Heike so intensiv bei mir ist. Gerade eben hat sie ihre Rezension* für meine Comicbiografie verbloggt. Ich bin immer wieder aufs Neue beeindruckt, wie intensiv Menschen auf einer spirituellen Ebene miteinander verbunden sind. Manchmal denke ich an Menschen und dann rufen sie genau in dem Moment an oder schreiben eine Nachricht. Nun sitze ich hier auf dieser Bank und habe Pipi vor Freude in den Augen. Heike hat so wunderbare Worte zu meinem Buch, zu unserer Begegnung und zu meinem Weg gefunden.

Danke, liebe Heike, für deine Buchempfehlung* und die Erinnerung daran, dass ich mich selber als Dranbleiberin bezeichnet habe. Von daher, Memo an mich: Ab und an in meinem eigenen Buch lesen.

Tischgespräch bei Birgit
#401 am 30./31. März 2019 – Springe

> „Eine gute Unterhaltung ist genauso anregend, wie ein
> schwarzer Kaffee und man kann genauso schlecht
> danach schlafen."
> – Anne Morrow Lindbergh –

Ich finde dieses Zitat unterwegs in einer Speisekarte. Es trifft die Essenz meiner Reisegespräche sehr. Genauso fühlt es sich bisher nach jedem Gespräch an. Vor dem heutigen Tischgespräch bin ich so aufgeregt wie vor jedem anderen Gespräch davor auch. Es ist egal, ob ich die Menschen virtuell oder so wie in Birgits Fall bereits in echt kenne: Mein Herz rutscht mir jedes Mal aufs Neue vor Aufregung in die Hose. Deshalb gehe ich lieber noch eine Runde Waldbaden, um mich zu erden.

Birgit und ich liegen uns zur Begrüßung gleich in den Armen. Sie ist genauso aufgeregt wie ich. Dank des herzlichen Willkommens ist dieses Gefühl sofort verflogen und ich weiß genau, weshalb ich diese Reisegespräche führen mag: Es ist für mich ein großes Geschenk, bei Menschen zu Gast zu sein und genau so, wie ich bin, willkommen zu sein.

Der Freiraumbus darf in der Einfahrt parken. Dank Spiegel parke ich perfekt rückwärts ein. Viel Spielraum nach rechts und links zur Seite gibt es in dieser Einfahrt nämlich nicht.

Doch bevor dann am frühen Abend die Gäste kommen, darf ich den köstlichen Käsekuchen kosten, dessen Rezept es dann später sogar auf meinen Kochblog* schafft.

Birgits große Leidenschaft ist das Nähen. Sie schenkt mir feine Stulpen in meinen Lieblingsfarben türkis und petrol.

Dann treffen nach und nach die Gäste ein. Ganz besonders freue ich mich, dass Christine extra aus Hannover anreist. Sie hat nach der feinen Rezension von Heike mein Buch entdeckt und holt es sich heute Abend persönlich ab. Zu Acht sitzen wir rund um den Tisch. Zum Start darf jede eine Karte aus meinem Kartenset ziehen und sich kurz vorstellen. Es ist sehr berührend, dass uns die Karten gleich intensiv miteinander ins Gespräch bringen.

Herzensthemen werden in Worte gefasst. Wieder einmal geht es um die Herkunftsfamilien, die uns prägten. Es ist spannend zu sehen, dass wir alle unsere, ich sage mal „Lebenspäckchen" mit herumtragen. Die Themen ähneln sich. Es geht um Freiraum, Mut und die Ehrlichkeit und natürlich um das Dranbleiben.

Noch lange sitzen Birgit und ich anschließend bei einem Glas Wein zusammen. Zu dumm nur, dass wir den Wechsel von Winter- auf Sommerzeit vergessen haben. Der Sonntagmorgen ist schneller da als gedacht. In der Früh genieße ich den Weitblick über die Felder direkt aus meinem „Schlafzimmerfenster" im Freiraumbus. Leider hat sich die Wärme des Vortages wieder in eine steife, kühle Brise verwandelt. Das spüren Birgit und ich dann später beim gemeinsamen Spaziergang. Immerhin bekommen wir so den Kopf nach dem voran gegangenen intensiven Gesprächstag wieder frei.

Danke für deine Gastfreundschaft, liebe Birgit.

Offline
#402 am 31. März/1. April 2019 – Hofgeismar

Seit Mitternacht ist mein Handy offline. Ohne SIM-Karte, keine Handynutzung. Ohne Handy bin ich auf Reisen aufgeschmissen. Ausgerechnet heute beginnt mein neuer Handyvertrag, der mich in den letzten Tagen eine Menge Nerven gekostet hat.

Mitten hinein in meine Reise fällt die Kündigungsfrist dieses Vertrags. In der letzten Zeit habe ich mein Surfvolumen überprüft und festgestellt, ich brauche dringend mehr Datenvolumen. Nun ist es an der Zeit, endlich mit meinem Provider über eine Aufstockung zu verhandeln. Schließlich bin ich langjährige Kundin. Mein Provider bietet großzügig ein Zusatzvolumen an. Sehr fein. So weit, so gut. Aber „dank" geänderter Lizenzen brauche ich dafür eine neue SIM-Karte. Da ich ja unterwegs bin, vereinbaren wir, dass die Vertragsänderung erst Mitte April greift und ich dann auch die neue Karte bekomme. Doch dann wird die SIM-Karte sofort losgeschickt und landet in München. Da bin ich aber gerade nicht. Und das mit dem Vertragswechsel zu Mitte April geht auch in die Hose. Mein Vertragswechsel beginnt heute.

Kein Aprilscherz. Ohne Handy sehe ich alt aus. Was tun?

So kommt mir vor ein paar Tagen die brillante Idee, dass mein Provider nochmals eine Karte losschickt und zwar zu einer Adresse, an der ich ein Tischgespräch habe. Ich lasse die SIM-Karte zu Birgit schicken. Ein paar Tage lang begleitet mich die Panik, ob die Karte rechtzeitig bei ihr eintrifft. Das klappt zum Glück. Denn zu allem Verdruss hatte sich auch noch ein Verdreher in der Postadresse eingeschlichen, den der örtliche Briefträger dank Ortskenntnis ausbügelt. Wenn einmal der Wurm drin ist, dann aber ordentlich.

Das Handythema macht unterschwellig also ganz ordentlich Stress. Meine komplette berufliche wie private Kommunikation hängt an meinem Handy. Die Recherche von Stellplätzen oder die Orientierung in Städten. Ich mache darüber mein Social Media. Telefonieren und WhatsApp verstehen sich von selbst. Ich benutze es als Hotspot für das Arbeiten am Laptop. Für all das bin ich auf mein Handy angewiesen. Nur gut, dass wenigstens mein Navigationsgerät unabhängig davon funktioniert.

Mein Nervenkostüm wird gleich nochmal strapaziert, denn der passende Stift zum Öffnen des SIM-Karten-Fachs liegt natürlich auch in München. Dank Nähnadel, die als Ersatzstift herhält, kann ich endlich mit zitternden Händen die SIM-Karte einlegen und mein Handy zu neuem Leben erwecken. Mir fällt ein Stein vom Herzen, als ich endlich wieder online bin.

Ich oute mich: Je nach Seelenzustand und aktueller Belastbarkeit stresst es mich massiv, Dinge, die ich gerade nicht lösen kann, über mehrere Tage auszuhalten. Andere spiegeln mir, ich würde cool wirken, doch das ist nur nach außen so. Innen drin habe ich Panikattacken. Da ich aber unbedingt mit meinem Freiraumbus in dieser Form unterwegs sein will, lerne und übe ich mich darin, mit meinen Ängsten klarzukommen. Denn ich glaube, dass die Angst die Schattenseite vom Mut ist. Die beiden gehören zusammen:

„Mut und Angst, die sind ein Paar.
Mal führt der eine und mal die andere!"

Septemberfrau
#403 am 1./2. April 2019 – Hofgeismar

Alles fing im letzten Herbst mit einer Berichterstattung in der Bild am Sonntag über „Wenn die Kinder aus dem Haus sind" an. Zwei Interviews, zwei Frauen. Als der Artikel erschienen war, fiel uns beiden auf, dass wir schon lange gemeinsam in einer Facebookgruppe sind. Nun will ich Elvira auch in echt kennenlernen, denn Hofgeismar liegt so ziemlich auf meiner Tischgespräche-Reiseroute. Unsere erste Begegnung findet am Freiraumbus statt. Zur

Begrüßung liegen wir uns schon in den Armen. Immer wieder bin ich im Herzen beglückt, dass so etwas dank Internet möglich ist. Ich habe das Gefühl, ich treffe eine ganz alte Freundin. Unser Gespräch geht gleich in die Tiefe und da stehen wir noch im Freiraumbus.

Jedes Mal aufs Neue ist es ein schönes und berührendes Gefühl für mich, wenn ich dann auch noch nach Hause eingeladen werde. Der Tag voller Herzenswärme und Tiefgang ist seelenwärmend.

Danke, liebe Elvira, dass du mir von deiner Lebensgeschichte und deinem Weg erzählst. Du bist eine beeindruckende, wunderbare Frau! Ich mag den Satz, der unter deinem Blogartikel* zu unserer Begegnung steht:

„Lass uns zusammen leben, lieben, lachen, innere und äußere Freiräume entdecken und bunte Sachen machen!"

Auf dem blauen Sofa
#404 am 2./3. April 2019 – Göttingen

Das Bauchgrummeln ist wieder da und fragt: „Wieso willst du dich mit einer Frau treffen, die du nur durch Social Media kennst?" Weil ich so bin, wie ich bin. Weil ich neugierig bin und Menschen mich interessieren.

Alle komischen, mulmigen Gefühle sind ruckzuck verflogen, als ich bei Caroline auf der Matte stehe. Wir umarmen uns freudig und tauchen dann sogleich in ein sehr intensives Gespräch ein. Wieder einmal geht es um Wurzeln und Prägungen. Rückblickend stelle ich fest, dass diese Themen und auch das damit eng verknüpfte „Kriegsenkel:innen"-Thema sich wie ein roter Faden durch meine Reise zieht.

Solche Gespräche bedürfen eines großen Vertrauens und einer ebenso großen Offenheit. An der einen oder anderen Stelle verdrücken wir ein paar Tränen über die Intensität unserer Biografien.

Dann wechseln wir auf Carolines blaues Sofa, ein Erbstück ihrer Oma. Wir haben zwar im Vorfeld darüber geredet, dass sie mich interviewen möchte, doch ich habe das komplett vergessen. Umso schöner, dass wir nun gemeinsam auf dem Sofa über Herzensthemen, Mut und Veränderung und natürlich über Freiraum philosophierten. Das Interview vergeht wie im Fluge.

Tischgespräch bei Manuela
#405 am 3./4. April 2019 – Bergtheim

Die ersten Gäste trudeln ein. Schnell ist klar, in dieser Tischgespräche-Runde geht es auch um den Mut. Den Mut, bei sich selber anzukommen und Dinge anders zu machen, als es das Umfeld sich wünscht. Oder anders formuliert, den Mut, dem eigenen Leitstern zu folgen. Mutig Veränderungen anzustoßen, genauso wie den Mut des Neuanfangs. Den Mut, endlich unterschiedliche Lebensweisen zu realisieren und den Mut, sein Leben umzukrempeln. Es geht um den Mut zur Ehrlichkeit.

Ich sage ja immer, dass die Ehrlichkeit zu sich selbst, die allerwichtigste Komponente bei der Veränderung ist. Erst wenn ich tief in mir selbst „grotten"ehrlich bin und herausfinde, was ich wirklich, wirklich will, kann ich danach mutig Veränderungen anstoßen. Mut bedeutet für mich: Machen und tun! Erst die wesentliche Entscheidung treffen und dann kontinuierlich dranbleiben an deren Umsetzung.

Ich erlebe wieder ein sehr berührendes und tiefgehendes Tischgespräch. Danke an alle, die dabei waren für ihre Offenheit und das Teilen ihrer Lebensgeschichten.

Danke, liebe Manuela für deine Gastfreundschaft.

Tischgespräch bei Andrea
#406 am 4./5. April 2019 – Würzburg

Keine bessere Gastgeberin als Andrea hätte ich mir zum Abschluss meiner Tischgespräche vorstellen können. Ich werde mit Herzenswärme empfangen. Genau! Herzenswärme ist das Wort, das Andrea perfekt beschreibt.

Sie hat großartige Frauen an ihren Tisch geladen. Diesmal schwebt vor allem die Intuition als gemeinsamer Nenner über dem Gespräch. Wir philosophieren über Herzensthemen in all ihren Facetten und darüber, dass wir unserem Gefühl vertrauen dürfen, wenn wir ein Herzensthema tief in unser Leben locken wollen. Sehr gefreut habe ich mich, dass unsere gemeinsame Netzwerkfreundin Petra extra aus Frankfurt angereist ist.

Danke, liebe Andrea, dass du für den krönenden Abschluss meiner Reise gesorgt hast. Danke für die maigrüne Tasse zum Abschied, die mich seitdem als meine neue Lieblingstasse an das feine Gespräch erinnert.

Wieder daheim
April 2019 – München

Ich bin platt und dankbar. Meine erste Tischgespräche-Reise liegt hinter mir. Es war intensiv und dicht. So richtig gelungen finde ich meine Balance zwischen den Gesprächen und meinen Verschnaufpausen noch nicht. Da habe ich Verbesserungspotenzial. Wenn ich ehrlich bin, dann habe ich mir zu viel vorgenommen. Und wenn ich grottenehrlich bin, dann wollte ich der ungewohnten Situation mit meinem Mann, der nun rund um die Uhr daheim ist, eine Zeit lang entfliehen.

Wenn ich zukünftig Reisen dieser Art plane, dann brauche ich deutlich mehr Ruhezeiten für mich. Auch die Art des Gesprächs werde ich nochmal modifizieren.
Doch es ist, wie so oft im Leben:

Erst im Rückblick erkenne ich die Zusammenhänge:
In diesem Fall gilt, weniger ist mehr!

An deutschen Küsten
Mai und Juni 2019

Mein Mann und ich gehen im Freiraumbus auf Ostsee-Küsten-Erkundungstour. Was für ihn Urlaub ist, das will ich als Freiraumfrau-Reisezeit erleben. Das hat letztes Jahr bei unserer langen Silberhochzeitsreise super geklappt. Zwei sehr feine Projekte durfte ich damals als digitale Nomadin abwickeln, so wie ich mir das immer vorgestellt habe. Genau so wünsche ich mir das auch dieses Mal für unsere Reise. Es kommt anders. Auftragseingänge lassen sich nicht planen. Anscheinend sende ich nach außen die

Energie, dass ich ja in Urlaub sei. Das ärgert mich, weil ich mir das anders vorgestellt habe. Irgendwann tröpfelt dann doch die Erkenntnis bei mir ein, dass es gut so ist, wie es ist. Denn mein Mann und ich, wir sind mit uns beschäftigt. Unsere neue Lebensphase wird zum Balanceakt. Der Freiraumbus wirkt wie eine Lupe, zoomt alte und neue Themen ganz weit auf. All das verlangt unsere Aufmerksamkeit. Wir müssen uns als Paar neu einspielen und das bestimmt dann auch unser Reisetempo.

Eigentlich will ich ja unterwegs weitere Tischgespräche organisieren und auch die fügen sich leider nicht zu unserem Reisetempo. Das stimmt mich anfangs sehr traurig. Ich brauche Zeit, um zu akzeptieren, dass das gemeinsame Reisen und die gleichzeitige die Planung eines solchen Gesprächs unrealistisch sind. Irgendwann lasse ich meine Tischgespräche-Idee los und kann in eine Art Urlaubsmodus wechseln. Ich lerne viel über mich und uns auf dieser Reise. Es geht darum, sowohl die inneren Bremsen zu lösen als auch im Außen zu entschleunigen. Reisen im kleinen Freiraumbus ist Persönlichkeitsentwicklung.

In vielen kleinen Etappen dümpeln wir dann von Ost nach West die deutschen Küsten entlang. Wieder einmal spüre ich tief in mir drin, dass ich „eigentlich" hinter den Deich gehöre. Mit Wasser, Wellen und Weitblick tankt meine Seele auf. Ich folge meiner Leuchtturm-Liebe und zeichne viele Leuchttürme in mein Skizzenbuch.

Ich konzentriere mich auf die kleinen Glücksmomente. Da ist zum Beispiel der nette ältere Herr, der uns in Heikendorf bei Kiel das im Hafen liegende historische Leuchtfeuerschiff zeigt. Oder dass ich in der Kieler Bucht einen Küstenstein finde. Das sind Steine, die Menschen bemalen und dann „auswildern", um anderen eine Freude zu bereiten. Es gibt mehrere Gruppen auf Facebook, die sich diesen Steinen widmen. Ich entlasse meinen Stein an einem anderen Ort wieder in die Freiheit. Dann wieder sitzen wir auf einem Stellplatz direkt an der Schleuse mit Blick auf den Nord-Ostsee-Kanal in Kiel. Die „dicken Pötte" fahren den ganzen Tag direkt vor unserer Nase vorbei. Großartig. Ich mag das! Die Fähren über den Nord-Ostsee-Kanal kosten übrigens nichts. Das hat Kaiser Wilhelm I. damals verfügt, als er den Kanal bauen ließ.

Viele wunderbare Strandspaziergänge nähren meine Sehnsucht nach Wasser und Weitblick. Zwei wunderbare Glücksmomente beschließen diese Reise. Der eine ereignet sich beim Sonnenuntergangsblick in Sankt Peter-Ording. Wir sitzen in einem Strandkorb und warten auf den magischen Moment, wenn die Sonne im Meer versinkt, als eine Frau auf mich zukommt und vorsichtig fragt: „Angelika?" Welch eine Freude und Überraschung, meine Netzwerkfreundin Andrea, die ich bisher nur virtuell kenne, hier zu treffen. Und dass sie mich auch noch erkennt. Scheinbar stimmen meine Fotos im großen, weiten Internet mit mir in echt überein. Die Welt ist doch manchmal ein Dorf.

Der zweite Glücksmoment folgt im nächsten Abschnitt.

Angefixt: Sammler-Glück
#440 am 13./14. Juni 2019 – Sankt Peter-Ording

Spektakuläre Weite, Sonnenschein, blauer Himmel beim Strandspaziergang in Sank Peter-Ording. Gebeugt gehende Menschen, die mit Stöckchen in der Hand im Sand kratzen, fallen mir auf. Was auch immer die machen, nachfragen hilft! Gedacht. Gemacht! Die Antwort lautet, sie suchen Bernstein. Weil ich so wissbegierig schaue, folgt eine umfangreiche Erklärung: Bernstein ist sehr leicht und findet sich häufig im sogenannten Rollholz: Feine, kleine, schwarze Holzstückchen, die wellenförmig auf dem Strandsaum liegen.

Ich bin sofort angefixt. Jetzt brauche ich nur noch ein Stöckchen zum Stochern und ein gutes Auge. Nun ebenfalls in gebückter Haltung, gehe ich langsam über den Strand und finde sogar ein paar schöne Stücke. Ich liebe dieses kostbare Gefühl, wenn ich ein Stück Bernstein entdecke. Ich sammle meine Funde in einem Glas und erfreue mich daran. Bernstein in Schmuckform mag ich übrigens gar nicht.

Bernstein gibt es in vielen Farbschattierungen: Von zartgelb bis dunkelhonigblond. Er hat eine wachsähnliche Oberfläche und schwimmt in Salzwasser.

Vorgriff Nummer 1:
Das größte Bernstein-Glück werde ich im Januar 2022 nach einem Orkan an der Ostsee haben. Ich finde dann ein samtiges Stück mit sechs Zentimetern Durchmesser.

Vorgriff Nummer 2:
Graal-Müritz, Januar 2020. Wieder machen mich gebückt am Strand gehende Menschen neugierig. Der Strand ist steinig. Sie sammeln keinen Bernstein, sondern Meerglas; kleine Glasstückchen, die durch Sand und Wellen über lange Zeit im Meer mattiert worden sind. Ich verliebe mich in dieses Material und auch das sammle ich seitdem. Weißes, grünes und braunes Meerglas gibt es wirklich häufig zu finden. Blaues Glas ist sehr selten und rotes Meerglas oder solches mit Prägung gilt als Rarität.

Tumormarker, Kirschen und Prosecco
#452 am 17./18. Juli 2019 – Bad Bergzabern

Die Rückfahrt unserer Silberhochzeitsreise hatte mich auch bei Sabine vorbei geführt. An einem superheißen Tag genau vor einem Jahr parkte der Freiraumbus bei ihr im Garten. Wir saßen damals unter dem Walnussbaum und sprachen über das Leben und den doofen Krebs, der wieder neue Kreise gezogen hatte. Als sie jetzt erzählt, dass sie wieder einmal zur onkologischen Hyperthermie in Bad Bergzabern ist, beschließe ich, sie in der Pfalz zu besuchen.

Auf der Anreise mache ich einen Abstecher nach Wissembourg im Elsass. Ich finde einen Parkplatz mitten im Ort und erkunde kurz die Stadt; kaufe knackige rote Kirschen und gekühlten Cremant, denn mit Sabine gibt es etwas zu feiern.

Sie erwartet mich schon am Klinikeingang. Das Wetter ist so warm, dass wir die Picknickdecke im Klinikgarten ausbreiten können. Cremant, dazu Kirschen und Kuchen, das ist standesgemäß zum Feiern. Sabines neues Buch ist gerade druckfrisch erschienen. Vor lauter Chemotherapie, der Reise nach Bad Bergzabern und doofen Blutwerten hatte es noch keine richtige Würdigung erfahren. Das ändern wir nun und stoßen auf das Leben an, schnabulieren Kirschen und essen Kuchen. Wir haben wunderbare Gespräche über das Leben und den Tod. Das liebe ich so an Sabine, dass sie auch für schwere Themen Worte findet.

Am nächsten Tag setzen wir unsere Gespräche fort. Die doofen Nachrichten von gestiegenen Tumormarkern versenken wir in extra großen Eisbechern.

Katja von HIN-FAHREN
#453 am 18./19. Juli 2019 – Speyer

Schwungvoll fährt sie in ihrem Kastenwagen beim Freiraumbus vor. Der steht nach meinem Besuch bei Sabine nun mit Rheinblick in Speyer am neuen Stadthafen. Katja und ich sind zum Frühstück verabredet.

Katja kenne ich über Facebook. Dort sah ich vor einiger Zeit ein Camper-Interview-Portrait, das sie auf ihrem Blog veröffentlicht hat. Sie porträtiert Menschen, die sich ihre Träume von Freiraum und Unabhängigkeit im Wohnmobil verwirklicht haben. Ich habe gleich „Hier!" gerufen, als sie weitere Interviewpartner:innen suchte. Passend zum fünften Geburtstag vom Freiraumbus im April diesen Jahres veröffentlichte Katja mein Interview* als virtuelles Geburtstagsgeschenk.

Jetzt lernen wir uns in echt kennen. Schnell wird klar, dass wir Ähnlichkeiten in unseren Lebensläufen haben. Wir kennen uns gut aus mit den Engstellen, die es zu durchleben gilt mit besonderen Kindern. Beide wissen wir, wie die Bewältigung dieser Aufgaben uns als hochsensible Frauen energetisch an die Wand gefahren hat.

Das ist einer der Gründe, weshalb wir uns fragten und immer noch fragen, was wir konkret brauchen, um uns und unseren Herzensthemen Freiraum zu schenken und gleichzeitig die Wurzeln unserer Familiensysteme zu achten. Diese besondere Gratwanderung unterscheidet uns von den jungen digitalen Nomadinnen, die frei und ungebunden ans andere Ende der Welt reisen. Wir leben das „sowohl-als-auch". Wir wissen, dass wir die Seelen stärken, wenn wir mit unseren rollenden Schneckenhäusern auf Reisen gehen. Wenn wir uns dann auch noch von unterwegs unserer Arbeit widmen können, dann machen wir uns damit selbst das größte Geschenk: Wir sind „Digitale-(Teilzeit)-Nomadinnen".

Selten treffe ich jemanden, die sich so tief in meine eigene Geschichte einfühlen kann. Virtuelle Kontakte sind so großartig, wenn sie in der realen Begegnung münden. Danke, liebe Katja, für deine Zeit und das Gespräch mit Tiefgang.

Lichter-Serenade
#454 am 19./20. Juli 2019 – Ulm

Noch ganz berührt von den wundervollen Begegnungen der vergangenen Tage mache ich mich auf den Heimweg nach München. Den massiven Ferienreiseverkehr habe ich komplett unterschätzt.

Ziemlich genervt überlege ich mir einen Zwischenstopp: Ulm. Einfach so. Da war ich noch nicht. Ich bin schon sehr verwundert, dass der Wohnmobilstellplatz brechend voll ist. Egal. Hauptsache, ich habe einen Stellplatz gefunden.

Entlang der Donau schlendere ich in die Altstadt und erklimme mutig das Ulmer Münster. Oben, ganz oben im gotischen Turm, höre ich, wie Einheimische etwas von einem Feuerwerk erzählen. Das macht mich neugierig und ich frage nach. Die Antwort lautet: Heute Abend ist die Lichterserenade auf der Donau, die den Abschluss der Feierlichkeiten zur traditionellen Schwörwoche bildet. Jetzt ist klar, weshalb ich fast keinen Parkplatz bekommen habe. Ich entschließe mich bis zur Dunkelheit am Abend zu bleiben und werde für diese Entscheidung belohnt.

Am Rand der Donau sitzend schaue ich mir das Spektakel an. So etwas Schönes habe ich in meinem Leben noch nicht gesehen: Fünftausend Lichter treiben die Donau hinunter. Dazu immer wieder Feuerwerk, das den Himmel schmückt. Meine Berührung findet in lyrischen Worten Einlass:

Gedankenverloren am Donau-Ufer sitzen.
Das Alleinsein genießen inmitten der Zuschauer.
Stimmengemurmel.
Vorfreudiges Warten.
Dämmerung senkt sich.
Dann! Dunkelheit.
Boote, die vorüber gleiten setzen Lichter ins Wasser.
Mehr und mehr Lichter treiben an mir vorbei.
Die Donau hinunter.
Feuerwerk.
Zaubert Lichter in den Nachthimmel.
Glücksmomente!
Welch ein Freiraum-Geschenk!

Überraschungsbesuch
#457 am 31. Juli/1. August 2019 – Oberhausen

Die Rückenoperation bei meinem Papa ist gut verlaufen, doch alles, was danach kommt, bringt Durcheinander in den Alltag meiner alten Eltern. Kurzerhand entscheide ich, dass ich mir vor Ort ein Bild machen mag. So kommt es, dass ich am Ende des Monats eine nächtliche Fahrt im Freiraumbus quer durch Deutschland antrete. Ich übernachte auf einem Schwimmbadparkplatz und stehe am nächsten Morgen bei meinem Papa am Krankenbett, der sich sehr freut, dass ich da bin. Leider hat mein

Papa Schmerzen und das behindert seine Heilung. Deshalb bleibe ich ein paar Tage und organisiere Dinge zur Erleichterung des Alltags. Als meine Mama meinen Papa dann endlich nach Hause holen kann, räume ich das Feld. Ich fahre mit einem mulmigen Gefühl im Bauch.

Unter der Brücke schlafen
#462 am 5./6. August 2019 – Düsseldorf – Korschenbroich

Unter einer Brücke zu schlafen steht schon lange auf meiner Löffelliste! Heute ergibt sich, wie nebenbei die Erfüllung dieses Wunsches. Im letzten Jahrtausend habe ich in Düsseldorf an der damaligen Fachhochschule Innenarchitektur studiert. Ich will nachschauen, ob es die Lokalitäten aus alten Zeiten noch gibt. Wie damals schon sind Parkplätze eine Rarität. Doch ich habe Glück und finde einen direkt unter dem Kennedydamm. Abends übernachte ich dort und dann ist es so, wie ich das fast erwartet habe. Nicht alle Dinge, die auf meiner Löffelliste stehen, erweisen sich als inspirierend und gut. Unter der Brücke zu schlafen ist unfassbar laut und maximal stressig. Ich breche das Experiment mitten in der Nacht ab und fahre zwecks Nachtruhe und einer Mütze Schlaf nach Korschenbroich. Da habe ich morgen früh einen Termin.

Genogrammarbeit
#462 am 5./6. August 2019 – Korschenbroich

Ein Genogramm ist ein in einer bestimmten Weise gezeichneter Stammbaum. Es macht, vereinfacht gesagt, energetische Verbindungen zwischen den Vorfahren sichtbar. Seit einiger Zeit beschäftige ich mich schon mit diesem Thema. Ich habe Stammbücher gewälzt und erfragt, wer, wann, wie und wo gelebt hat und gestorben ist.

Ein Familiensystem ist wie ein Mobile und ich erlebe gerade, wie meines durch die Erkrankung meines Vaters ins Schwanken geraten ist. Da macht eine andere Blickweise auf das Gesamtsystem sicher Sinn. Da ich gerade in der Nähe bin, nutze ich die Gelegenheit und buche einen Termin bei Mechthild, die Expertin für Genogrammarbeit ist. Ich erlebe einen zutiefst intensiven Termin, der mich ganz neue Verbindungen in meiner Ahnenreihe erkennen lässt. Was mich sehr berührt ist die Erkenntnis, wie wichtig es ist, Menschen, die zu früh oder dramatisch verstorben sind, heute rückblickend zu ehren. Denn oftmals haben diese Ahnen an ihrer Position im Genogramm eine Lücke hinterlassen. Ich mag an diese Menschen erinnern.

Dieser intensive Termin wirkt noch lange bei mir nach.

Auf dem weiteren Heimweg ereilt mich die Nachricht, dass mein Papa schon wieder im Krankenhaus ist. Mein Bauchgefühl lag leider richtig.

Sommergespräch
#465 am 11./12. August 2019 – Sylvensteinspeicher

Hochsommerliche Temperaturen und alle wünschen sich Abkühlung. Es ist brechend voll, als ich in meinem Lieblingswald am Sylvensteinspeicher ankomme. Ich bekomme gerade noch so eben einen der letzten Parkplätze. Vogelwild geht es heute hier zu. Ich bin sehr gespannt, wie lange dieser schöne Ort noch für Wohnmobile zugänglich sein wird. Ich bin verabredet mit Marion, die ich schon lange aus Social Media kenne. Sie hält im nahe gelegenen Hotel ein Seminar und kommt zum Kaffee vorbei.

Im kühlen Schatten vor dem Freiraumbus erzählt sie mir von der neuen Ausbildung, die sie gerade durchläuft: NeuroGraphik®. Das ist eine Art spontanes Skizzieren mit anschließendem Transformieren, so beschreibe ich das jetzt mal ganz laienhaft. Oder anders erklärt, eine Harmonisierungsmethode des intensiven Spürens und Abrundens. Ich bin fasziniert, wie sie von dieser intuitiven Methode schwärmt.

Und auch sonst haben wir sehr feine Gesprächsthemen. Danke, liebe Marion, dass wir uns in echt begegnet sind.

Neue Bremsen sind fällig
August 2019 – München

Der Besuch beim ADAC ergibt, die Bremsen sehen schlecht aus. Lange solle ich damit nicht mehr fahren.

Ich bekomme kurzfristig einen Termin in der Werkstatt. Sowohl Bremsen als auch Bremsbeläge müssen tatsächlich ausgetauscht werden. Fünfundsechzigtausend Kilometer haben die alten gehalten, nun sind neue drin. Die Rechnung deutlich über tausend Euro lässt mich schlucken.

Hilft ja nix:
Wer viel unterwegs ist, braucht unbedingt ein Gefährt, das sicher ist.

Eigentlich
#467 am 28./29. August 2019 – Überlingen

Die Küsten der Bretagne müssen warten. Leider sind die Gesundheitsnachrichten aus meinem Elternhaus so, dass ich ein komisches Gefühl habe. Mein Papa steckt in einer Schmerzspirale, die die Ärzte nicht in den Griff bekommen. Ich bin sehr beunruhigt, brauche aber gerade nichts tun, da mein Bruder zum Kümmern vor Ort ist. Nach kurzer, intensiver Diskussion disponieren mein Mann und ich um. Das ist schließlich eine der Freiheiten, die das Reisen mit dem Freiraumbus hat: Es ist nichts reserviert. Grobe Richtung Ruhrgebiet heißt nun unser Reiseziel und ich frage mich, wie weit wir wohl kommen werden, bevor uns die nächste Hiobsbotschaft erreicht?

Wir nehmen trotzdem den Weg über den Bodensee und erhoffen uns noch paddeln gehen zu können, besuchen Ravensburg und Meersburg. Nun sind wir in Überlingen auf einem Campingplatz und haben gestern Abend einen strategischen Anfängerfehler gemacht. Die ausgefahrene Markise hatten wir zwar abgespannt gegen den Wind, doch leider ohne Gefälle. Heute Morgen begrüßt sie uns eingeknickt und schwer gefüllt mit Wasser vom nächtlichen Regen. Wieder was gelernt!

Freiraum und Sorge
#467 am 2./ 3. September 2019 – Étang du Stock

In den vergangenen Tagen besuchten wir Freunde in Freiburg. Dann parkte der Freiraumbus in Kehl und wir radelten von dort aus nach Straßburg. Jetzt sind wir am Étang du Stock im Elsass auf einem Campingplatz.

Einerseits ist es total schön hier, andererseits mache ich mir Sorgen um meinen Papa, aber auch um meine Mama, die das gerade alles wuppt. Aktuell kann ich nichts weiter tun, als meiner Mama ein offenes Ohr zu schenken. Ich bin in dauerndem Telefon- und WhatsApp-Kontakt.

Die Sonne scheint und ich entscheide paddeln zu gehen. Der See ist spiegelglatt und menschenleer. Langsam zieht das Ufer an mir vorbei. Paddelschlag für Paddelschlag beruhigt sich mein aufgewühltes Hirn, in dem die Sorgen nur so hin und her hüpfen. Zwei Stunden lang gleitet mein Board über den See. Mein Geist wird langsam ruhiger, meine Angst kleiner. Ich kann den Freiraum, den mir dieser Tag schenkt, auf einmal sehen. Trotz aller Sorgen spüre ich eine innere Zufriedenheit. Das Leben ist jetzt!

Ich helfe keinem, wenn ich in einer Dauersorgenschleife gefangen bin. Ich erkenne, das ist die hohe Kunst der Balance: Meinen Freiraum leben und gleichzeitig die aktuellen Rahmenbedingungen aushalten. Und dann erwarten mich acht neue WhatsApp Nachrichten von meiner Mama, als ich zum Freiraumbus zurückkehre.

Planänderung
#475 am 5./6. September 2019 – Luxemburg

Nach einem schönen Wandertag in Luxemburg kommt der Moment, den ich gefürchtet habe. Meine Mama ruft an. Sie braucht unsere Unterstützung. Wir packen sofort zusammen und fahren direkt nach Uerdingen in das mittlerweile vierte Krankenhaus, in dem mein Papa nun liegt. Dort erwartet uns meine zu Tränen erschöpfte Mama.

Frühmorgens auf Station
#479 am 9./10. September 2019 – Uerdingen

Seit vier Tagen machen wir nun Arbeitsteilung und haben meine Mama im wahrsten Sinne des Wortes aus dem Verkehr gezogen. Mein Mann chauffiert sie zwischen Heimathafen und Krankenhaus hin und her.

Ich bin vor Ort geblieben. Einer der Vorteile meiner mobilen Unabhängigkeit ist, dass der Freiraumbus so gut wie überall stehen kann. Ich parke mit Rheinblick und laufe die paar Schritte rüber ins Krankenhaus. Abends bin ich die letzte und frühmorgens stehe ich als erste zur Visite an Papas Bett. Das habe ich meiner Mama versprochen.

Die Schwestern grüßen mich wie eine alte Bekannte, seit eine von ihnen gefragt hat, wie es kommt, dass ich morgens so früh auf der Matte stehe, wenn ich doch abends sehr spät gegangen sei. Ich antworte: „Ich wohne gerade neben dem Krankenhaus. Ich habe ein kleines Wohnmobil." Das finden sie großartig.

Viele Stunden sitze ich bei meinem Papa am Bett. Es beruhigt ihn, mich in seiner Nähe zu wissen. Mich beruhigt derweil die kreative Harmonisierungsmethode, die ich bei Marion kennengelernt habe. Ich skizziere die Sorgen in mein Handy. Mehr kann ich gerade nicht tun.

So langsam gelingt dann auch endlich die Einstellung der Schmerzmittel. Das verschafft meinem Papa Linderung.

Heute darf er nach Hause. Meine Mama ist überglücklich, als sie ihn gemeinsam mit meinem Mann abholen darf. Ich warte noch auf die abschließenden Befunde und fahre dann mit dem Freiraumbus hinterher.

Kurzzeitpflege
#488 am 18./19. September 2019 – Ruhrgebiet

Auf intensive Tage im Krankenhaus folgt die Kurzzeitpflege. All das wird überschattet durch die Sorge um unsere Tochter, die zeitgleich in München mit einem Zusammenbruch ins Krankenhaus eingeliefert worden ist. Mein Mann fährt sofort mit der nächsten Mitfahrgelegenheit heim.

Ich kümmere mich im Elternhaus und bin froh, dass wir uns aufteilen können. Sonst hätte ich mich noch mehr zerrissen gefühlt, als ich das eh schon bin. All diese Themen kosten mich enorm viel Kraft. Ich bin froh, dass ich den Freiraumbus als Rückzugsort habe. Er ist meine rollende Heimat. In meinem Schneckenhaus tanke ich auf.

Tag für Tag geht es meinem Papa ein klitzekleines bisschen besser. Nach über zwei Wochen wage ich den Absprung und fahre wieder zurück nach München.

Wintergrauheit
Dezember 2019 – München

Die gesundheitlichen Themen, die wir als Familie seit dem Herbst bewältigen, machen unser Leben anstrengend.

Auf einmal gibt es viele organisatorische Dinge, die ich erst lernen muss. Ich übernehme die Abwicklung der privaten Krankenversicherung meiner Eltern und fuchse mich in das komplizierte Abrechnungssystem ein. Leider kommen viele Rechnungen ja genau dann, wenn jemand erkrankt ist. Die vermeintlichen Vorteile beim

Arztbesuch selbst werden durch enormen organisatorischen Zusatzaufwand bei der Abwicklung neutralisiert.

Die Krankheit meines Papas bringt unser Familiensystem intensiv ins Schwanken. Das wirkt sich auch auf die Erinnerungen an die Krebserkrankung meines Mannes aus, die gerade wieder hochgespült werden. Vor genau zwanzig Jahren kämpfte er zu dieser Jahreszeit in einer schweren Chemotherapie um sein Leben. Damals hatte ich gerade unseren Sohn geboren. Es fühlt sich so an, als wenn die Erinnerung an diese schwere Zeit wieder sehr präsent ist. Spannend, wie stark neue Themen an den alten Geschichten zupfen und sie in den Vordergrund spielen. Es wird ein intensiver, anspruchsvoller Dezember.

Aus vielerlei Gründen ist Weihnachten in diesem Jahr traurig. Ein Grund ist, dass wir ohne unseren Sohn feiern, der in Göteborg bleibt und von seinem Erasmus-Auslandssemester nicht zum Fest nach Hause kommt.

Deshalb entscheide ich, dass ich einen Perspektivwechsel brauche und mir die graue Stimmung aus dem Kopf pusten lassen mag. Nach Weihnachten breche ich auf und fahre an die Ostsee.

Silvester am Strand
#511 am 31. Dezember 2019/1. Januar 2020 – Dierhagen

Kaum zu glauben, dieses unfassbar intensive Jahr biegt auf die Zielgerade ein und ich bin zum Wechsel in das neue Jahrzehnt am Strand. Dierhagen ist einer der wenigen Orte an Mecklenburg-Vorpommerns Küste, die ein Feuerwerk ausrichten. An vielen anderen Orten sind

Feuerwerkskörper wegen der hohen Brandlast der Reet-
dachhäuser verboten. Langsam füllt sich der Großparkplatz. Damit es keinen Parkticketstress gibt, sind heute alle
Parkautomaten in blaue Mülltüten gehüllt: Parken ist heute kostenlos.

Der Freiraumbus ist dank Dieselstandheizung kuschelig
warm. Ich nutze die Stunden bis zum Jahreswechsel und
arbeite mich weiter in mein neues Zeichenwerkzeug ein.
Ich besitze nun ein IPad Pro und lerne das sehr komplexe
Programm Procreate. Der dazu gehörende Pencil ist
großartig. Endlich habe ich das digitale Zeichenfeeling,
das ich mir schon lange gewünscht habe. Das neue
Setting wird meiner Arbeit eine ganz neue Qualität verlei-
hen, wenn ich es denn dann mal beherrschen werde.

Zwischendurch quält mich der kleine Hunger. An einer
der Buden auf dem Plateau gibt es Reibekuchen. Meiner
ist riesig und wird mit Liebe und Inbrunst gebacken. Selten habe ich so einen feinen, knusprigen Reibekuchen
gegessen. Kindheitserinnerung pur.

Dann ist es Mitternacht. Das neue Jahrzehnt bricht an.
Ich bin am Strand. Hinter mir höre ich die Wellen der Ostsee rauschen. Über mir funkeln nicht nur die Sterne, sondern auch ein grandioses Feuerwerk im Nachthimmel. Ich
liebe Feuerwerk, aber nur, wenn es so wie heute Abend
aus Profihand kommt. Ansonsten bin ich da eine totale
Schisserin und habe Angst, von einem Feuerwerkskörper
getroffen zu werden.

Ich genieße das Alleinsein in der Menge und begrüße
das neue Jahrzehnt. Es ist der erste Jahreswechsel meines
Lebens, den ich nur mit mir verbringe und es fühlt sich gut
an. Ich kann wunderbar mit mir alleine sein.

2020 – Pandemie und andere Einschnitte

Komplett verschätzt!
#512 am 1./2. Januar 2020 – Ahrenshoop

Heute habe ich einen besonderen Plan. Etwas, das seit dem letzten Sommer auf meiner Löffelliste steht. Ich möchte Neujahr am Weststrand sein und noch einmal an diesem wunderschönen Strand im Nationalpark Vorpommersche Boddenlandschaft entlang laufen, den ich im letzten Jahr entdeckt habe.

Zur Stärkung habe ich mir ein Picknick eingepackt. Dick eingemummelt sitze ich am Strand. Es gibt Brote und einen Schluck Sekt. Ich blicke auf die Weite des Meeres und stoße mit mir selbst auf das neue Jahr an.

Ich fühle mich wohl und zufrieden und marschiere Richtung Leuchtturm Darßer Ort. Mein Lieblings-und-Wendepunkt-im-Leben-Leuchtturm zieht mich magisch an und ich vergesse vollkommen die Zeit. Keinen Gedanken verschwende ich darauf, dass ich auch wieder zurücklaufen muss. Am Leuchtturm angekommen, merke ich erst, dass ich die ganze Zeit mit Rückenwind gelaufen bin. Krass, wie anstrengend nun der Heimweg wird. Mir ist kalt und ich binde mir die Picknickdecke um den Körper. Wie lange es im Winter hell ist, auch das habe ich vollkommen falsch eingeschätzt. Die Dämmerung setzt ein und ich bin heilfroh, dass ich den Weg zurück noch finde. Gerade so mit Einbruch der Dunkelheit und erschöpft nach zwanzig Kilometern „Spaziergang" komme ich am Waldparkplatz „Drei Eichen" wieder beim Freiraumbus an.

In Zukunft plane ich meine Wanderungen sorgfältiger. Ich werde auf die Uhrzeit achten und kenne die Sonnenuntergangszeit. Außerdem gehört eine Taschenlampe oder ein Handy mit genügend Akkulaufzeit zu meiner Ausstattung. Einen wärmeren Wintermantel brauche ich auch.

Surfcenter
#513 am 2./3. Januar 2020 – Wustrow

In der Silvesternacht hatte ich auf dem Weg nach Ahrenshoop spätnachts noch den Surfcenter-Parkplatz entdeckt. Im Winter ist der Ort verlassen, die Fenster vom Eingangshäuschen sind verbrettert, quer drüber steht der Schriftzug „LEER". Der Platz wirkte düster und mich gruselte es. Ich traute mich nicht zu übernachten, auch wenn ich in der hintersten Ecke ein Wohnmobil stehen sah.

Neugierig bin ich nun aber doch. Ich mag schauen, wie sich dieser Platz bei Tageslicht anfühlt. Bevor ich an den Strand gehe, mache ich erst mal klar Schiff im Bus.

Der Parkplatz ist leer. Ringsum kein anderes Auto. Deshalb bin ich irritiert, als ein Pkw schwungvoll direkt neben den Freiraumbus fährt. Die Fahrerin steigt aus und meint: „Sie stehen auf meinem Platz!" Ich bin ziemlich verdutzt und frage: „Ist hier denn nicht genug Parkplatz für alle?"

In der Sommersaison habe sie genau hier ihren Wohnwagen stehen, erklärt sie und so kommen wir ins Gespräch. Da es ziemlich kalt ist, lade ich sie spontan in den Freiraumbus ein. Wir wechseln zum Du und Ariane erzählt von den Menschen, die diesen Platz betreiben. Sie berichtet vom entspannten Surfer-Feeling und sonniger Zeit am Meer, von unkonventionellen Lebensentwürfen und Freiraum. Vor meinem inneren Auge entsteht ein Ort, an den ich gerne noch einmal zur wärmeren Jahreszeit zurückkehren möchte. Ich sehe das Surfcenter nun mit anderen Augen.

Nach diesem Gespräch gehe ich die paar Schritte über die Düne an den Strand. Selbst jetzt, im Winter ist es hier richtig schön. Nach links ist kilometerlanger Strand zu sehen, nach rechts erkenne ich die Seebrücke von Wustrow. Ich mache einen langen Spaziergang und beschließe, heute auf dem Parkplatz zu übernachten. Die Energie des Ortes hat sich für mich komplett gewandelt.

Engstelle und Freiraum
#531 am 20./21. Januar 2020 – Rerik

Das Reisen im kalten Januar ist anspruchsvoll. Ich habe unterschätzt, dass hier oben die Tage noch kürzer sind, als ich das von München gewöhnt bin. Die Lichtarmut bedeutet, dass ich viel Zeit im Freiraumbus verbringe. Ich erkenne, wie wichtig es ist, mit den Bedingungen der Jahreszeit zu fließen, statt gegen sie zu kämpfen.

So betrachtet kann ich auch die Grauheit, der ich daheim entflohen bin, neu gewichten. Es ist wie so oft im Leben. Es gibt Licht und Schatten, Freude und Sorge (wie bei #467) oder Ebbe und Flut (dann bei #846) im Wechsel.

Memo an mich:
Nach jeder Engstelle folgt auch wieder ein Freiraum, der meine Seele nährt.

Mit dieser Erkenntnis kann ich mich auf das winterliche Reisen einlassen und genieße, dass ich mein ureigenes Tempo gehen kann. Ich folge den Rahmenbedingungen, statt gegen sie zu wirken.

Die Zweitbatterie, die sich um Kühlschrank und Dieselstandheizung kümmert, muss regelmäßig aufgeladen werden oder Landstrom bekommen. Daher steuere ich in kleinen Etappen die Küste von Mecklenburg-Vorpommern entlang.

In Zingst „läuft" mir endlich der Mantel über den Weg, der lang genug ist und meinen Unterleib wärmt. Den hätte ich schon an Neujahr gut gebrauchen können.

Die Riesenbrille mit den rosa Gläsern im Hafen von Zingst gewährt einen herrlich eingefärbten Sonnenuntergangsblick.

Auf Rügen treffe ich eine Netzwerkfreundin, die ich vom Eigenstimmig-Podcast kenne und besuche Orte, die ich bei der Familienreise besucht habe. Es ist krass, wie anders die Insel im Winter wirkt. Die Campingplätze sind geschlossen, doch ich finde feine Orte, an denen ich mich traue zu übernachten. Auch den Leuchtturm am Kap Arkona muss ich mir nochmal ansehen. Einmal fährt die Polizei nachts vorbei; nichts passiert, es ist nur eine Kontrollfahrt.

Ein anderes Mal parke ich unter einer Hochspannungsleitung. Es fühlt sich seltsam an. Ich bleibe trotzdem, da ich lange im Dunkeln nach einem Übernachtungsplatz gesucht habe. Ich übe mich darin, die über mir schwebende Spannungsenergie auszuhalten. Morgens werde ich für meinen Mut belohnt. Ich wache mit Ostseeblick auf.

Ich steuere nochmal das Surfcenter an und verbringe weitere drei Tage an meinem neuen Lieblingsstrand. Ich verliebe mich in die Stimmung am winterlichen Meer und genieße weitere lange Spaziergänge.

Im Stadthafen von Rostock mache ich Zwischenstopp auf meinem Weg nach Rerik und bin nun auf einem Campingplatz. Von da aus erkunde ich Strand, Steilküste und Salzhaff.

Morgen fahre ich nach einem Zwischenstopp in Berlin nach München und kehre nach einem Monat Abwesenheit rechtzeitig zum Geburtstag meines Mannes zurück.

Corona stellt alles auf den Kopf
#544 am 16./17. März 2020 – Ruhrgebiet

In Bayern werden die Bürgersteige hochgeklappt, so fühlen sich die Nachrichten an. Von einem auf den anderen Tag verändert ein Virus das Weltgeschehen. Keiner weiß so recht, was los ist. Im Galopp werden die ersten Regeln erlassen. Natürlich Bayern immer voran mit Sonderlösungen.

Ich bin gerade bei meinen Eltern, als die Nachrichtensendungen sich beim Verkünden der Regelungen, die nun gelten sollen, förmlich überschlagen.

Alles fühlt sich surreal an. Eigentlich hätte ich noch ein paar Tage bleiben wollen. Doch dann entscheide ich, mich auf den Heimweg nach München zu begeben. Selten habe ich so eine leere Autobahn erlebt wie bei dieser Fahrt.

Geburtstagsgeschenk
#555 am 25./26. Mai 2020 – Wustrow

Ich kann es gar nicht fassen, dass sich mein größter Geburtstagswunsch erfüllt: Ich bin am Meer. Mit extra breitem Grinsen strahle ich in die Kamera. Heute ist mein fünfundfünfzigster Geburtstag und passend zur Schnapszahl trage ich die 555. Nacht in mein Logbuch ein. Davon habe ich in den zurück liegenden Corona-Monaten geträumt: Meinen Geburtstag verbringe ich genau an dem Strand, den ich im Januar entdeckt habe.

Lange sah es nicht danach aus. Doch dann werden auf einmal die Bestimmungen geändert. Neue Regeln geben grünes Licht für das Reisen in coronären Zeiten. Seit vorgestern um Mitternacht ist die Einreise nach Mecklenburg-Vorpommern wieder erlaubt. Sofort packen mein Mann und ich unsere Sachen und fahren los. Kurz nach Mitternacht überqueren wir die Landesgrenze von Mecklenburg-Vorpommern. Es ist wirklich skurril, dass wir in einer Pandemie dank Länderhoheit innerhalb Deutschlands wieder Grenzregelungen haben.

Die nächtliche Fahrt quer durch Deutschland endet mit einem Zwischenstopp im Morgengrauen auf einem Parkplatz kurz hinter Rostock. Ich bin ziemlich aufgeregt. Wird das klappen mit dem Surfcenter? Bekomme ich da einen Platz? Wie wird sich der Ort anfühlen, wenn Menschen dort sind? Um Punkt acht Uhr steht der Freiraumbus vor der Schranke des Surfcenter. Alles ist ganz entspannt und unkompliziert. Wir bekommen einen Platz und freuen uns.

Endlich kann ich wieder über die Düne an den Strand gehen. Ich bin total beglückt und sehr zufrieden, dass ich meinen Geburtstag am Meer verbringen darf.

Danach folgen schöne entspannte Tage mit morgendlichem Schwimmen, Spaziergängen am Strand und spektakulären abendlichen Sonnenuntergängen.

Pötte gucken
#567 am 7./8. Juni 2020 – Nord-Ostsee-Kanal

Vor uns ziert ein Band aus rotem Mohn das Ufer des Nord-Ostsee-Kanals. Dahinter tuckert ein dicker roter Pott, sprich Tanker, vorbei. Ich bin auf dem Weg zu Sabine. Mein Bauchgefühl sagt, ich solle unbedingt hinfahren und Abschied nehmen. Als die schönen Tage an der See zu Ende gehen, entscheiden wir, dass wir einen Schlenker machen und da vorbeifahren, wo Sabine sich gerade befindet.

Abschied in pandemischen Zeiten
#568 am 8./9. Juni 2020 – Sorgbrück

Wenn ich kneife, dann werde ich das immer bereuen. Das ist mir klar und gleichzeitig habe ich unendlich Muffensausen vor unserer Begegnung. Ich weiß, Sabine kann die Ziellinie ihres Lebens schon sehen. Tag für Tag stemmt sie sich gegen das Ende. Sie will die ihr verbleibende Zeit so lange ausdehnen, wie es ihr nur eben möglich ist.

Dass ich kommen darf, um mich zu verabschieden, das empfinde ich als große Ehre und gleichzeitig ist mir vor lauter Bammel schlecht. Was ist, wenn mir die richtigen Worte fehlen? Was sage ich dir? Wie geht das mit dem

Verabschieden, wenn du deine letzte Reise antrittst und ich hier auf Erden bleibe? Die Nacht vor unserem letzten Treffen ist furchtbar. Ich habe Panikattacken und bin hellwach. Mein Magen hängt auf halbmast und ich muss dauernd aufs Klo.

Am Morgen sitze ich dann an deinem Bett mit meiner sichersten, selbst genähten Maske, um dich zu schützen. Denn das hast du dir vorgenommen, wenn schon, dann stirbst du an dem Krebs, mit dem du die letzten Jahre gerungen hast und nicht an so einem blöden Virus.

Du machst es mir leicht. Es ist ein feines, wundervolles Gespräch über das Buch, an dem du gerade noch schreibst und über unsere Freundschaft. Über den Tod und das Weiterleben reden wir auch.

Ich darf fast eine Stunde bei dir sein.

Der Moment, vor dem ich mich so gefürchtet habe, kommt, als du mir signalisierst, dass du jetzt deine Ruhe brauchst. Er ist dann – bei aller Traurigkeit – einfach.

Wir sagen uns: „Auf Wiedersehen!", und das meinen wir so. Wir werden uns wiedersehen in einem anderen Universum. Das mit dem Umarmen lassen wir bleiben. Ich gehe und du kuschelst dich wieder tiefer ein in dein Bett. Ein letzter Gruß aus dem Türrahmen, dann wende ich mich ab und verlasse dein Schlafzimmer.

Draußen heule ich Rotz und Wasser. Ich bin komplett durch den Wind, mein Kopf fühlt sich an, als wäre er mit einem riesigen Wattebausch gefüllt. Bevor ich einen klaren Gedanken fassen kann, muss ich in den Wald und Bäume umarmen.

Auf Wiedersehen, liebe Sabine
#579 am 20./21. Juli 2020 – Sylvensteinspeicher

Nun hast du deinen Durchschlupf auf die andere Seite gefunden, liebe Sabine. Dass dieser Moment kommt, das weiß ich, seit ich an deinem Bett Abschied nehmen durfte. Doch wie schwer und erbärmlich es sich anfühlt, wenn es dann wirklich so weit ist, das haut mich um. Ich heule mir die Augen aus dem Kopf. Du bist über die Regenbogenbrücke gegangen und ich erfahre diese Nachricht zum Glück, wenn ich denn überhaupt dieses Wort in dem Zusammenhang verwenden darf, an meinem Seelenort am Sylvensteinspeicher.

Wirst du mir ein Zeichen geben, wenn du sicher auf der anderen Seite angekommen bist? So eine Regenbogenbrücke ist ja doch ziemlich lang. Ich fände das sehr tröstlich.

Später am Tag bekomme ich deine Antwort. Ich bin paddeln. Auf dem spiegelglatten See kann ich Ruhe in meine aufgewühlten Gedanken bringen. Stand-up-Paddeln ist für mich wie Meditation. Bei einer Pause am Ufer landet ganz zart ein Schmetterling auf meinem Arm. Ich verharre still, um ihn nicht zu verscheuchen. Er bleibt treu sitzen, auch als ich weiterfahre. Während ich in Richtung gegenüberliegendes Ufer paddele, denke ich, vielleicht will er ja auf die andere Seite? In diesem Moment weiß ich, du sendest mir ein Zeichen. Der Schmetterling bleibt auf meinem Arm sitzen, bis ich das andere Seeufer erreicht habe. Dort erst flattert er davon. Im Davonfliegen flüstert er mir zu, dass du gut auf der anderen Seite angekommen bist. Jeder einzeln fliegende Schmetterling, den ich in Zukunft sehen werde, wird mich an dich erinnern. Auf Wiedersehen, liebe Sabine!

Sorgen am Morgen
#590 am 25./26. August 2020 – Hamburg

"Der Bauzaun ist ihr mit voller Wucht vor den Kopf geknallt und nun ist sie im Krankenhaus!", vermeldet unser Sohn am Telefon. Wenn zu unchristlich früher Uhrzeit eines meiner Kinder anruft, dann bin ich sofort in Alarmbereitschaft.

Unsere Tochter ist auf dem Weg zur Arbeit von einem Bauzaun, der sich durch den Sturm gelöst hat, umgehauen worden. Sie bricht ohnmächtig zusammen. Zum Glück rufen helfende Menschen den Rettungswagen, der sie ins Krankenhaus bringt. Welch ein Schreck in der Morgenstunde. Mein Mutterherz quillt gleich über vor Sorge. Wie gut, dass unser Sohn in München ist und sofort zum Kümmern eilt.

Mein Mann und ich wollen eigentlich nach Dänemark. Gestern sind wir dem Sturmtief, das gerade über Deutschland hinwegfegt, Richtung Norden ausgewichen. Aktuell warten wir die schwersten Böen auf einem Parkplatz bei Hamburg ab. Mein allererster Gedanke ist: „Ich will zu meinem Kind!", was angesichts des Sturms jetzt gerade eine gefährliche Idee ist. Die Windlast ist für den hohen Nugget viel zu groß.

Im Laufe des Tages kann ich mit unserer Tochter telefonieren. Es ist einigermaßen beruhigend, dass das schon wieder möglich ist. Sie hat Glück im Unglück, auch wenn die Fotos von ihrem Gesicht krass aussehen. Die Augenbraue musste genäht werden und der morgendliche Schock des Unfalls sitzt tief und wirkt nach. Ich bin so dankbar, dass unsere Familie zusammen hält und krisenerprobt ist. Unser Sohn kümmert sich rührend.

Sobald sich der Sturm verzogen hat, machen mein Mann und ich uns schleunigst auf den Heimweg nach München. Der Unfall wird uns noch lange beschäftigen, gesundheitlich wie rechtlich.

Jubiläum
#600 am 8./9. Oktober 2020 – Wustrow

Der Sommer war anspruchsvoll und ist anders verlaufen, als ich mir das ursprünglich gedacht hatte. Nun freue ich mich, wieder im Surfcenter zu sein. Seit drei Tagen bin ich zurück am Lieblingsstrand. Die Stimmung ist herbstlich ruhig. Zeit für mich allein zu haben ist kostbar. Alleinsein nährt meine Seele und füllt meine Akkus. Ich genieße das morgendliche Schwimmen, das die Spinnenweben der Nacht vertreibt. Lange Strandspaziergänge lüften meine Gedanken. Und heute feiere ich zudem noch die 600. Nacht, die ich in über sechs Jahren im Freiraumbus verbracht habe. Happy Birthday Lieblingsauto!

Rosen am Strand
#602 am 10./11. Oktober 2020 - Wustrow

Einzelne wunderschöne, samtig-rote Rosen liegen über den Strandsaum verstreut. Ich bin von ihrem Anblick berührt und weiß gerade nicht, wieso? Das sind Blumen, die bei einer Seebestattung ins Wasser geworfen worden sind, wird mir dann klar. Die Frage, wie ich mal bestattet werden mag, kann ich bisher nicht für mich beantworten. Dabei beschäftigen mich die großen Themen Trauer und Sterben seit der Krebserkrankung meines Mannes im Jahr 1998. Die Rosen am Strand schenken mir hier und heute eine Antwort auf die offene Frage, wie ich beerdigt werden mag. Zu mir und meiner Meerliebe gehört ganz sicher die Seebestattung. Die Freiraumfrau wird eines fernen Tages im Freiraum der Ostsee ruhen. Diese Entscheidung fühlt sich gut an, denn ich möchte meiner Familie die Bürde einer Grabpflege ersparen. Davon hatte ich in meiner Herkunftsfamilie genug.

An dieser Stelle mag ich ergänzen, dass es zu diesem Thema sehr viele unterschiedliche Haltungen, Meinungen und zudem ganz viel Schweigen gibt. Jeder Mensch darf selbst entscheiden, wie er mit dem Thema Tod umgeht. Ich für mich finde es wichtig, dass ich klar kommuniziere, was ich mir wünsche. Dann kann meine Familie in meinem Sinne handeln, wenn ich verstorben bin und es nimmt ihr die Last der Entscheidung.

Orkan
#605 vom 14./15. Oktober 2020 – Wustrow

Der Freiraumbus schwankt wie ein großer, grauer Elefant hin und her, wenn ihn eine der Orkanböen von der Seite erwischt. Es ist unangenehm, im schaukelnden Wagen zu sitzen. Bei jeder Böe, denke ich jetzt gleich kippt er um. Am einfachsten wäre, ich würde den Freiraumbus in Windrichtung parken. Im Surfcenter sind die Stellplätze mit weißer Farbe auf dem Asphalt markiert. Es ist mir echt peinlich, zu fragen, ob ich ausnahmsweise quer über mehrere Plätze stehen darf. Weil das die anderen dann auch nachmachen wollen würden und weil ich weiß, dass das nicht so gerne gesehen wird. Sturmsorgen versus Regelkonformität! Ich überwinde meine Hemmungen und frage im Surfshop nach. Und siehe da, es ist kein Problem. Ich habe mir völlig umsonst einen Kopf gemacht. Gefragt und umgeparkt. Nun steht der Freiraumbus deutlich ruhiger.

Es ist so einfach: „Fragen kostet nichts!"

Die Welt retten
#607 am 16./17. Oktober 2020 – Wustrow

Auf meiner persönlichen Schmerzskala von eins bis zehn habe ich mal Presswehen mit zwölf verortet. Das hier ist eine ausgewachsene Dreizehn. Scheiße, tut das weh! Ich liege mit schmerzverzerrtem Gesicht am Strand.

Doch der Reihe nach. Nach dem Orkan der letzten Tage ist wieder Ruhe eingekehrt. Die Sonne strahlt von einem azurblauen Himmel, so als wäre nichts gewesen. Ein guter Tag, um die acht Kilometer mit dem Fahrrad über den Deichradweg in den Nachbarort Neuhaus zu radeln. Dort angekommen, parke ich mein Fahrrad an einer Laterne und gehe von dort über die Düne an den Strand. Der Sturm hat ganze Arbeit geleistet und den losen Sand wie mit einem Besen weggekehrt. Der Strand ist hart wie Beton und makellos eben. Ein guter Untergrund zum Laufen. Ich komme zügig voran.

Zwischen den Buhnen blitzt die rot-weiße Verkleidung eines Strandkorbs. Wahrscheinlich losgerissen vom Sturm und ins Meer gespült, ist sie nun zwischen die hölzernen Buhnen eingewebt. Plastik im Meer ist blöd. Sehr blöd sogar, weil Plastik ewig nicht verrottet. Deshalb sammle ich auf meinen Strandspaziergängen auch immer Plastik ein, mein persönliches Weltrettungs-Gen. Ich beginne damit die Plane auszubuddeln. Doch egal, wie ich mich auch mühe, die Plane ist wie einzementiert zwischen den Holzstämmen. Meine Aktion scheitert kläglich. Mit sandigen Händen gebe ich auf. Heute fällt die Weltrettung aus.

Stattdessen treffe ich eine fatale Fehlentscheidung. Ich balanciere ein paar Schritte über die Buhnenreihe Richtung Wasser und gehe in die Hocke, um mir die sandigen Hände zu waschen. Die nächste Welle rollt unerwartet hoch an. Ich ahne nasse Füße, auf die ich keinen Bock habe. In einer rotierenden Auf- und Rückwärtsbewegung weiche ich der Welle aus. Der schwere Rucksack auf meinem Rücken tut sein Übriges und unterstützt die Schwerkraft. Ich verliere das Gleichgewicht und stolpere von der Buhne. Intuitiv will ich mich abfangen. Doch das ist ein gravierender Fehler. Ich schlage rückwärts mit durchgestreckten Armen auf dem betonartigen Sand auf. Wie Teleskopschienen, die sich zusammenschieben, fühlt sich das an.

Der Schmerz treibt mir die Tränen in die Augen. Einsam liege ich da; kein Mensch weit und breit zu sehen. Als ich wieder atmen kann, taste ich meine Handgelenke ab: Keine herausstehenden Knochen zu spüren. Das ist doch schon mal gut. Ich attestiere mir mutig ein „nur verstaucht". Unter Mobilisierung all meiner Kräfte trete ich den Heimweg an. Auf die Idee einen Rettungswagen zu rufen, komme ich nicht. Keine Ahnung, wie ich mit diesen Armen den Rückweg schaffe. Am Aufsperren meines Fahrrads verzweifel ich fast; das Lenken tut sauweh. Doch ich will heim zum Freiraumbus! Zurück in meinem rollenden Schneckenhaus werfe ich Schmerzmittel wie Gummibärchen ein und warte auf deren Wirkung. Sagen wir mal so, sie wirken, allerdings nur so mittelprächtig. Ich begutachte meine Lage. In normalen Zeiten würde ich mich ins nächste Krankenhaus fahren lassen. Doch es sind keine normalen Zeiten, denn Corona regiert die Welt. In München gehen gerade die Inzidenzen durch die Decke. In Mecklenburg-Vorpommern werden Reisende des Landes verwiesen. Auf meinem Stellplatz fühle ich mich sicher. Ich warte das Wochenende ab, entscheide ich. Meine Handgelenke fixiere ich mit elastischen Binden und nehme Schmerzmedikamente wie Nahrungsergänzungsmittel ein. Am Montag geht es mir etwas besser. Meine Arme sind mittlerweile von unten bis oben blau verfärbt, dafür ist der Schmerz deutlich zurück gegangen. Ich kühle mit Quark. Die Entscheidung, zum Arzt zu gehen, verschiebe ich von Tag zu Tag.

Zehn Tage bleibe ich noch am Lieblingsstrand und sammele ganz viele Meermomente in mein Herz. Da ahne ich schon, dass der kommende Winter schlimm werden wird. Der Heimweg quer durch Deutschland gelingt mir problemlos.

Meine Vorahnung bewahrheitet sich im doppelten Sinne. Die Pandemie wird das Leben mit Ausgangssperren zum Erliegen bringen. Auch bei mir steht eine heftige Zäsur an. Nach meiner Rückkehr gehe ich „zur Sicherheit" doch noch zu meiner Orthopädin. Noch im Untersuchungszimmer erwarte ich, dass sie sagt, es sei alles in Ordnung. Stattdessen diagnostiziert sie eine beidseitige Radiusfraktur, also handgelenksnahe Brüche der Speichenknochen. Zum Glück sind die Bruchkanten nicht verschoben. Zumindest mit dieser Diagnose habe ich richtig gelegen. Ich bekomme links einen Gips und rechts eine Orthese.

Ich bin fassungslos!
Von einer auf die andere Minute bin ich ein Pflegefall.

2021 – Coronafrust und Surfcenter-Freude

Heilungsverzögerung
Winter 2020/2021 – München

Ich bin ein Pflegefall. Selbst beim Toilettengang brauche ich anfangs Hilfe. Schuhe binden: Fehlanzeige. Haare waschen oder duschen geht nur mit Unterstützung meines Mann, der mir in dieser schweren Zeit zur Seite steht.

Die pandemischen Auswirkungen eines kompletten Lock-Downs sorgen dafür, dass ein Kontrollbild meines eingegipsten Arms unterbleibt. So merkt keiner, dass der Gips zu eng angelegt ist. Das führt zu einer deutlichen Heilungsverzögerung und Osteoporose in der linken Hand. Fast vier Monate bin ich mit den Brüchen beschäftigt und erlebe einen der schlimmsten Winter meines Lebens.

Ich bin nur froh, dass ich im Oktober noch so viele Meerbilder am Lieblingsstrand in meinem Herzen eingesammelt habe. Die Erinnerungen daran retten mich durch diese unfassbar düstere Zeit.

Auszeit am Straßenrand
#618 am 5./6. Februar 2021 – München

„Das ist verboten! Wir haben Ausgangssperre!", ruft eine Freundin völlig entsetzt, als ich ihr von meiner kreativen Umsetzung der aktuellen Regeln erzähle. „Aber ich war doch drinnen!", antworte ich daraufhin verschmitzt.

Seit Wochen leide ich an winterlichem Höhlenkoller. Die letzten Monate mit Lock-Down und Armbrüchen haben mich erschöpft.

Die Einschränkungen durch die Pandemie gehen mir auf die Nerven. Jede Nachrichtensendung wird von der stacheligen Corona-Kugel dominiert. Und zu allem Überfluss steht der Freiraumbus laut heulend vor Einsamkeit am Straßenrand. Jetzt, da ich endlich meine Arme wieder benutzen kann, bin ich zum Daheimbleiben verdonnert. Ich fühle mich ungerecht behandelt, denn schließlich kann ich in meiner kleinen Blechdose problemlos den geforderten Mindestabstand zu anderen Menschen einhalten.

In Bayern kostet der verbotene Ausflug aus der Stadt eine hohe Geldstrafe, natürlich nur, wenn man erwischt wird. Andernorts werden Autos mit fremden Kennzeichen herausgefischt, parkende Autos mit Farbe beschmiert oder Reifen aufgestochen. Die Stimmung im Land ist dramatisch angespannt.

Doch in der Stadt? Keiner hat gesagt, wo ich in der Stadt zu parken habe. Dieser Gedanke erhellt meine Stimmung und zaubert ein Grinsen auf meine Lippen.

Ich wage den Tapetenwechsel am Straßenrand! Ich packe meinen ganzen Mut ein und fahre quer durch München. Am Englischen Garten finde ich in einer Seitenstraße einen ruhigen Parkplatz. Der Ortswechsel tut mir gut. Ich wage es und bleibe tatsächlich über Nacht. Absurde Gedanken machen Kopfkino vom Allerfeinsten. Doch kein Mensch interessiert sich für mich: Die Nacht bleibt ruhig! Deshalb bleibe ich gleich noch einen weiteren Tag und eine weitere Nacht.

Die mutige E-Mail
13. Februar 2021 – München

Auf meiner Schulter hockt der kleine Zweifel und mäkelt herum: „Das werden andere auch wollen!" und „Wieso glaubst du, die warten gerade auf dich?" und „Nette Idee, träum weiter!". Mein Bauchgefühl sagt, das wird ein anstrengender Reisesommer, so, wie ich das ja schon 2020 erlebt habe. Das permanente Ändern der Regelungen rund um Corona wird das Reisen kompliziert gestalten. Viele werden in Deutschland Urlaub machen wollen. Ich erwarte, dass es überall sehr voll werden wird. Ich brauche einen festen Stellplatz für meinen Freiraumbus, das wird mir auf einmal klar. Der Zweifel mäkelt weiter.

Gegenwind hatte ich schon bei meiner Suche nach dem Haus am See. Sofort ist mein Widerspruchsgeist geweckt. Ich stelle mir die Frage, wo ich denn am Allerliebsten den Sommer verbringen wollen würde und die Antwort ist dann schlicht und einfach: „Am Lieblingsstrand!"

Ich schreibe eine lange persönliche E-Mail an die Inhaber des Surfcenters. Zuallererst formuliere ich den Text sachlich. Dann entscheide ich, aus tiefstem Herzen zu erzählen, wie ich das Surfcenter kennengelernt habe, wie ich meinen fünfundfünfzigsten Geburtstag (#555) im letzten Jahr bei ihnen verbracht habe und warum ich diesen Strand so liebe. Ich frage, ob es möglich ist, den Parkplatz Nummer sieben für die komplette Saison zu mieten oder ob vielleicht einer der Dauerplätze frei ist? Wobei ich auf letzteres keine große Hoffnung habe. Dann hänge ich noch ein PDF an, in dem ich mich vorstelle mit Foto und Freiraumbus. Genau um 10:28 Uhr drücke ich mutig und sehr aufgeregt auf SENDEN.

Das Wunder geschieht!
16. Februar 2021 – München

Mein Herz schlägt Purzelbäume vor Glück. Drei Tage nach meiner mutigen E-Mail erhalte ich den Anruf, dass ich den Parkplatz Nummer sieben tatsächlich bekomme. Wie wunderbar und großartig ist das denn bitte?!

Ich unterzeichne den Pachtvertrag für die bevorstehende Saison. Wer nicht fragt, der nicht gewinnt. Was habe ich mir vorher für Gedanken gemacht und dann klappt mein Wunsch völlig unkompliziert. Noch knapp drei Monate, dann ist endlich Mai und ich darf auf „meinen" Stellplatz. In meinen Gedanken laufe ich schon am Meer. Dieses innere Bild hilft mir, die Modalitäten der Pandemie besser zu ertragen.

Elternkümmern
#625 am 22./23. April 2021 – Ruhrgebiet

Das Kümmern aus der Ferne ist eine große Herausforderung in der Pandemie. Zum Glück gibt es Nachbarn und andere Helfer, die für die alltäglichen Notwendigkeiten einspringen können. Auch dass sich meine Eltern noch selbst organisieren können in ihrem Haus, macht die Lage erträglicher.

Heute freue ich mich darauf, dass ich nach über acht Monaten endlich wieder meine mittlerweile geimpften Eltern besuchen kann. Die Zeit der Distanz und die Auswirkungen der Pandemie haben viele, zum Teil sehr alte Themen nach oben gespült. Wir führen tiefgehende, herzerwärmende Gespräche, die mich in der Seele berühren.

Ich bin fest davon überzeugt, dass wir Frieden mit unseren Wurzeln und unserer Herkunftsfamilie brauchen. Erst wenn wir den Frieden in uns selbst spüren, können wir ihn auch in die Welt tragen.

Ganz beseelt fahre ich wieder nach Hause. Ich weiß nun, dass es meinen Eltern trotz Corona-Beschränkungen einigermaßen gut geht.

Pandemiefrust
Ende April 2021 – München

Die Einreise ist verboten! Ich heule vor Wut und habe einen veritablen Zusammenbruch. Bis zum vergangenen Wochenende waren Dauercamper und Menschen mit Zweitwohnsitz in Mecklenburg-Vorpommern explizit erlaubt. Seit dem vergangenen Wochenende sind sie mit nur einer Streichung des entsprechenden Paragrafens des Bundeslandes verwiesen. Ich finde die Regelung total ungerecht. Denn egal, wo mein rollendes Homeoffice steht, es ist coronakonform. Ich wahre Abstand und erledige meine Arbeit digital. Doch das interessiert keinen. Seit Februar rettet mich der Gedanke, bald wieder am Meer sein zu können. Nun darf ich nicht – wie geplant und vertraglich vereinbart – am ersten Mai anreisen. Die neue Verordnung zieht mir schlagartig den Boden unter den Füßen weg. Ich sortiere langsam mein Gefühlschaos. Ein paar Tage bin ich ziemlich durch den Wind. Dann übe ich mich im Annehmen des Unabänderlichen. Als ich wieder klar denken kann, treffe ich die Entscheidung, trotzdem loszufahren. Wenn schon nicht an den Lieblingsstrand, dann wenigstens „der Nase nach". In anderen Bundesländern ist es auch schön.

Der Nase nach
#634 am 12./13. Mai 2021 bis #654 am 1./2. Juni 2021

Ich nehme all meinen Mut zusammen und fahre „einfach" los. Der Nase nach bedeutet, ich plane maximal für den Tag. Wenn ich müde werde, suche ich mir einen Parkplatz. Wenn ich etwas interessant finde, setze ich den Blinker und schaue nach. Meine Reise dokumentiere ich als Reisecomic und poste jeden Tag – ein bisschen zeitversetzt – meine Erlebnisse auf Instagram und Facebook.

Ich bin unterwegs Gastgeberin von zwei digitalen Salongesprächen zum Thema Druck. Mein Newsletter, der Freiraum-Brief erscheint und landet in den Mailboxen meiner Abonnentinnen.

Ich begegne mir selbst auf intensive Weise. Der Nase nach zu reisen bedeutet im Hier und Jetzt zu leben. Ich erlebe die volle Bandbreite: Von freudigen Momenten und feinen Gesprächen über Traurigkeit bis hin zu morgendlichen Panikattacken ist alles dabei.

Meine Nase bringt mich an spannende Orte. Ich stehe unerwartet an einer Schleuse. Ich sitze am Startpunkt der Weser in Hannoversch Münden und sehe sie in Bremerhaven ins Meer münden.

Bei Petra, die in der Nähe von Bremen wohnt, schaue ich endlich mal wieder vorbei. Der Freiraumbus parkt erneut zwischen den Bäumen im Garten. Ich darf viel Klarheit erleben bei dem sehr kraftvollen Naturcoaching, das ich bei ihr buche. Ein paar Tage später spaziere ich mit meiner Netzwerkfreundin Anja die Aller entlang. Wir tauchen tief in unser Gespräch ein. Bei ihr zu Hause bekomme ich ein sehr feines Spargelessen gekocht.

Den großen Schock am Morgen erlebe ich in Wischhafen kurz vor der Fähre über die Elbe. Der Freiraumbus gibt keinen Mucks von sich. Die Batterie ist tot! Der herbeigerufene ADAC überbrückt, so dass ich den Motor wieder starten kann. Ich finde eine Werkstatt in der Nähe, die mir hilft und eine neue Batterie einbaut. Ich bin nur froh, dass mir der Batterieschock nicht auf der Fähre passiert ist!

Ich habe Geburtstag und hätte gerne am Meer gestanden. Daran hindert mich der Batterieschaden. Am Meer sein hätte an diesem lausig regnerischen Tag auch keinen Spaß gemacht. Stattdessen erfreue ich mich an vielen Nachrichten und führe wesentliche Telefonate mit lieben Menschen.

Überhaupt, das Wetter! Regen ohne Ende und ein Loch in der Dichtung der Dachluke bereiten mir Kummer. Es tropft rein. Dieses Problem löse ich auf der Reise nicht.

Schließlich stehe ich dann doch am Meer, wate durchs Watt in Cuxhaven und laufe ein paar Tage später bei Sonnenschein den Strand in Sankt Peter-Ording entlang.

Ich verknüpfe lose Fäden und stelle mich traurigen Themen. Da ich wegen der pandemischen Auflagen nicht zur Beerdigung meiner Freundin Sabine kommen durfte, hole ich den Besuch am Grab jetzt gemeinsam mit ihrem Mann Alexej nach. Ich bin traurig und vermisse sie.

Zum Ende dieses herausfordernden Monats kommt unerwartet die wunderbare Nachricht, dass ich nun doch „schon" im Juni auf den für diese Saison gemieteten Dauerstellplatz an meinem Lieblingsstrand in Mecklenburg-Vorpommern anreisen kann. Wie wunderbar. **Am Ende wird alles gut!**

Mein Sommer im Surfcenter
#655 am 2./3. Juni bis #780 am 26./27. Oktober 2021

Nach drei Wochen der Nase nach quer durch Deutschland ändern sich die coronären Auflagen zu meinen Gunsten und ich kann früher als gedacht anreisen. Nun bin ich endlich da, wo ich die ganze Zeit schon hin wollte und merke: Ankommen ist ein Prozess. Ich erlaube mir die unterschiedlichen Gefühle auszuhalten.

Erst war ich reisend unterwegs, nun steht der Freiraumbus bewegungslos an seinem gemieteten Platz mit der Nummer sieben. Das Kommen und Gehen, der Wechsel der anderen Gäste ist ungewohnt. Ich fühle mich, wie ein Stück Meerglas, das in den Wellen hin und her gespült wird. Es dauert einige Zeit, bis ich mich vom Außen weniger irritieren lasse und dieses Wiegen annehmen kann.

Der Ort, die Menschen, der Strand. Ich mache mich vertraut mit ihnen und gewöhne mich an diese für mich ungewohnte, neue Form des Lebens im Freiraumbus.

Gestärkt werde ich durch wunderbare Gespräche mit Menschen, die auf den Stellplätzen neben mir stehen. Ich bin immer wieder fasziniert, welche Lebensgeschichten Menschen haben.

Das Wiedersehen mit langjährigen Freund:innen, die in der Nähe Urlaub machen, erfreut mein Herz nach den vielen einsamen Corona-Monaten.

Schritt für Schritt tauche ich hier nun weiter in meine inneren Themen ein. Ich lerne, dass Achtsamkeit bedeutet, mich jeden Tag neu für meine innere Mitte zu entscheiden. Dabei helfen mir lange Strandspaziergänge.

Da, wo andere Urlaub machen, verwebe ich Arbeit und Leben. Auch an dieses erstmal ungewohnte neue und intensive Gefühl darf ich mich erst gewöhnen. Als ich endlich meinen Entschleunigungsmodus lebe, da fällt mir auf, wie fordernd manche Menschen ihren Urlaub angehen.

Ich übe mich in innerer Abgrenzung.

Parkplatzleben

„Das hatte ich mir idyllischer vorgestellt!", schreibt meine Mama, als ich ihr ein Video von meinem Stellplatz schicke.

Hundertfünfundzwanzig Nächte und Tage wohne ich in diesem Sommer hinter der Düne auf dem schnöden, grauen Parkplatz des Surfcenters. Ein paar Unkräuter lugen zwischen den Ritzen im Asphalt. Der Freiraumbus steht inmitten von Parkplätzen. Idyllisch ist wahrlich anders! Manchmal nervt es mich, wenn um mich herum das Leben wogt. Wenn Autotüren klappern und Gespräche plappern. Wenn sich hier an sonnigen Wochenenden die Wohnmobile auf der Pelle sitzen. Nur ganz kurz frage ich mich dann, ob ich nicht einen an der Klatsche habe?

Die Antwort ist simpel! Ich streife meine Flip-Flops über. Nur hundertzwanzig Schritte brauche ich, dann blicke ich von der Düne auf die Ostsee. Jeden Morgen freue ich mich auf diesen Ausblick. Herz, was willst du mehr?

Jeder Freiraum ist wie eine Medaille.
Die Vorderseite hat Morgenschwimmen, Strandspaziergänge, Weitblick und Sonnenuntergänge. Auf der

Rückseite ist in meinem Fall ein schnöder Parkplatz. Das Leben ist nun mal nicht die Caravan-Werbung. Ich bin froh, dass ich es gewagt habe, für meinen Wunsch nach mehr Meer eine unkonventionelle Lösung zu finden.

Morgenschwimmen

Nackt hinein ins kühle Nass, das ist mein Morgenritual. Schon der Anblick der Ostsee, wenn ich morgens im Bademantel über die Düne flipfloppe, lässt meine Augen leuchten. Ich schwimme jeden Morgen vor dem Frühstück. Nur wenn es stürmt oder die Wellen zu hoch sind, verzichte ich. Da habe ich zu viel Angst, dass meinen Armen erneut etwas passiert. Ich liebe dieses glitzernde Gefühl nach dem Schwimmen und mag auch kalte Wassertemperaturen. Dass ich mir da ein Ritual kreiert habe, das erkenne ich erst, als ich durch meine täglichen Einträge im Tagebuch blättere. Fast jeden Tag habe ich Morgenschwimmen geschrieben oder gezeichnet. Der Sommer an meinem Lieblingsstrand bestärkt mich darin, noch mehr von den Dingen in mein Leben zu holen, die mir Freude machen. Dazu muss ich aber wissen, was genau das ist. Ich habe da Klarheit: Sonnenuntergänge und wilde Wellen.

Sonnenuntergänge

Zum Abschluss des Tages gehe ich an den Strand. Der Sonne beim Verschwinden zuzusehen, das ist für mich pure Freude. Jeder Sonnenuntergang ist anders. Andere Farben, verschiedenartige Wolkenformationen, die

Lichtstimmung, die sich von silbrig bis rosa wandelt. Das erleben zu dürfen, macht mich aus tiefster Seele dankbar. Für mich ist das Schauen des Sonnenuntergangs das perfekte Abschlussritual eines Tages. Meine Fotosammlung von Sonnenuntergängen auf Instagram ist mittlerweile sehr lang. Sonnenaufgänge sehe ich übrigens so gut wie gar nicht, denn ich bin bekennende Eule und Langschläferin.

Wilde Wellen gucken

„Wie langweilig, immer am gleichen Strand. Was machst du denn den ganzen Tag?", fragt mich eine Freundin.

Für mich ist Wellen gucken wie am Kamin sitzen. Ich kann stundenlang schauen. Der Strand macht es mir zudem einfach: Ich muss nur die Frage beantworten, ob ich nach rechts oder links gehen mag. Okay, manchmal gehe ich auch geradeaus ins Wasser zum Schwimmen. Mein wilder Scannergeist beruhigt sich am Strand. Nur die schönsten Gedankenschmetterlinge bleiben übrig, wenn der Wind durch meinen Kopf weht. Ich mag diese puristische Lebensweise. Wind und Wellen sind meine Lieblingsmusik. Am Meer tankt meine Seele auf. Das ist für mich Freiraum pur.

Geklaut

Das kann doch nicht wahr sein. Meine geliebten, eingelatschten Flip-Flops sind weg. Sie stehen nicht mehr an der Düne, als ich vom Sonnenuntergang zurück komme.

Meine Flip-Flops sind mir heilig! Die ersten und einzigen ihrer Art, die ich so eingelaufen habe, dass ich damit klar komme. Ich mag das Gefühl bei Zehensandalen einfach nicht. Und nun sind sie weg und ich frage mich, wer denn allen Ernstes olle Flip-Flops klaut? Vielleicht liegen sie ja irgendwo herum? Ich gehe allen mit meiner Frage nach den Dingern auf die Nerven, weil ich überhaupt keine Lust habe, neue einzulaufen. Oh Wunder, meine Fragerei nützt! Ein lieber Mitcamper steht auf einmal vor mir und überreicht mir die Schuhe mit einer vornehmen Geste à la Silbertablett: „Suchst du die hier? Ich habe sie im Mülleimer gefunden!"

Juchhu, ich freue mich und bin wieder mal dankbar, dass ich mich mittlerweile traue, auch bei solchen Dingen rundum zu fragen. Jetzt nehme ich meine heiß geliebten Treter zur Sicherheit mit an den Strand.

Erfolgserlebnis

Ohne Luft anhalten und Bauch einziehen, lässt sich der Knopf meiner Referenzhose schließen. Ich liebe diese kurze Hose nicht nur, weil sie extra tiefe Taschen hat. Vielmehr ist sie für mich Sinnbild für das Körpergefühl, das ich gerne leben mag. Für das Reisen im Freiraumbus brauche ich körperliche Beweglichkeit. Um in mein Bett auf die Schlafebene zu klettern, muss ich über die Leiter turnen. Das muss ich auch, wenn ich in der Nacht hinunter zum Klo will. Der Buddhabauch stört da nur.

In den Wochen meiner Reise „der Nase nach" hatte ich genug Zeit, mit neuen Rezepten meinem gewünschten Körpergefühl wieder näher zu kommen. Essen gehen war eh nicht angesagt unter Coronaregeln. Außerdem schont das selber Kochen mein Reisebudget.

Warum mir Mobilität so heilig ist, das habe ich schmerzhaft erfahren müssen, als sie mir „dank" gebrochener Handgelenke im letzten Jahr gefehlt hat. Seitdem sorge ich besser für meinen Körper. Wenn meine Referenzhose passt, dann weiß ich, mein Gewicht passt auch, egal, wie viel die Waage anzeigt.

Im Podcast bei Anastasia
#686 am 3./4. Juli 2021 – Wustrow

Ich bewundere Anastasia für ihre radikal ehrliche Haltung und ihre Sicht auf die Welt. Gefühlt kenne ich sie schon ewig. Auf Twitter sind wir uns zuallererst über den Weg gelaufen. Dann trafen wir uns wieder im Kreise der wunderbaren Eigenstimmig-Podcast-Frauen.

Ganz weit oben auf meiner Löffelliste steht der Wunsch bei Anastasia mal im Podcast* zu sein. Ausgerechnet heute, wo dieser Wunsch in Erfüllung geht, ist das Surfcenter rappelvoll. Direkt neben mir hat sich eine Gruppe versammelt, die lautstark ihre Wiedersehensfreude feiert. Meine Aufregung wird durch die starken Umgebungsaktivitäten potenziert. Ich baue meinen Laptop auf, installiere Kamera und Mikrofon. Einen Berg aus Kissen stapel ich so um mich herum, dass sie die Akustik verbessern und die Außengeräusche abschirmen.

Meine Nervosität verfliegt in dem Moment, als ich Anastasia virtuell gegenüber sitze. Nach einem kurzen Vorgespräch startet die Aufzeichnung. Ab da verliere ich das

Zeitgefühl. Wir mäandern durch die Themen von Freiraum, dem Wunsch nach Veränderung und den Wellen des Lebens. Es geht um Grottenehrlichkeit und Mut. Und ums Meer geht es auch. Fünfzig Minuten Interview* vergehen wie im Flug. Wir hätten noch viel länger miteinander sprechen können.

Wintertraum
Oktober 2021 – Wustrow

„Du kannst dir die Wohung am Samstag anschauen," sagt mein zukünftiger Vermieter Sven.

Allen auf dem Platz habe ich erzählt, dass ich den Winter hier oben an der Ostsee sein will. Ich glaube, ich habe ganz schön genervt mit meinen Fragen, ob wer wen kennt, der jemanden kennt, der was vermietet.

Ich bin mir sicher, dass ich den kommenden Winter lieber hier oben an der Ostsee verbringen will, als in München. Nur nicht im Freiraumbus. Das ist mir dann doch zu ambitioniert.

Um die Ferienwohnung kümmert sich seine Partnerin Uta. Beim Kennenlernen kurze Zeit später sind wir gleich auf einer Wellenlänge. Sie zeigt mir die Wohnung und ich weiß sofort, dass ich sie mieten will, denn sie liegt unmittelbar hinter der Düne und hat sogar einen eigenen Strandzugang, den ich im Winter dann sehr feiern werde.

Das Meer ist in Reichweite und das alles auch noch an meinem Lieblingsstrand. Mein Herz hüpft vor Freude und ich sage sofort zu. Ich miete die Wohnung monatsweise für den nun kommenden Winter. Wieder einmal denke ich, wer nicht fragt, bekommt auch keine Lösung geschenkt. Wie gut, dass ich mittlerweile meinen Träumen Freiraum schenke und nach Möglichkeiten suche, sie zu erfüllen.

Bis Mitte März 2022 werde ich drei Monate in "meiner" Ferienwohnung verbringen.

Das Gefühl, das sich durch diesen Ausblick einstellt, ist unbeschreiblich gut. Nun kann ich dem Ende meines langen Sommers im Surfcenter mit großer Gelassenheit entgegensehen.

2022 – Endlich wieder Reisefreiheit

Atlantikreise
#799 am 8./9. Mai 2022 – Bordeaux

Endlich ist das Reisen ins Ausland wieder ohne Formular-Schnickschnack und Corona-Testung möglich. Mein Mann und ich wollen die Atlantikküste, vor allem die in der Bretagne erkunden. Das hatten wir 2019 aufgrund der Erkrankung meines Papas verschoben. Unser erstes großes Ziel ist Bordeaux.

Der Freiraumbus fährt über Hügelheim bei Freiburg weiter nach Paray le Monial und dann nach Périgueux. Dort darf ich via Telefon und Fotodokumentation seit langem mal wieder eine Raumberatung mit einer Bestandskundin machen. Bei einem Chateau steht der Freiraumbus idyllisch im Schatten unter Bäumen, direkt neben den Rebstöcken. Er parkt in Saint Emilion mit seiner schönen Altstadt und der beeindruckenden Felsenkirche. Einen Abend blickt er auf die Dordogne, bevor er nach fünf Tagen Reisezeit auf einem Campingplatz im Randgebiet von Bordeaux landet.

Im Wald
#800 am 9./10. Mai 2022 – Le Petit Nice

Nach der achthundertsten Nacht im Freiraumbus mitten im Wald aufwachen und dann noch aus dem Dachfenster in die Pinien schauen und dahinter schon den

Atlantik ahnen können, das ist ein wunderbares Jubiläumsgeschenk. Doch es geht noch mehr an diesem besonderen Tag, denn wir erklimmen die höchste Düne Europas, die Dune du Pilat. Beim Aufstieg fliegen Paraglider mit ihren bunten Fallschirmen über uns hinweg. Von oben haben wir einen feinen Blick weit hinaus auf den azurblauen Atlantik, der von einem ebenso blauen Himmel überspannt ist. Wieder unten am Strand bewundere ich die Massen an Seesternen und springe das erste Mal in meinem Leben in den Atlantik. Nackt, versteht sich.

Lieblingstag
#804 am 12./13. Mai 2022 – Plage du Grand Crohot

Wer weiß, was glücklich macht, kann mehr davon ins Leben holen. Heute ist so ein Tag, an dem ich unfassbar schöne Momente in mein Leben gelockt habe.

Der Strand hier ist unglaublich. Breit und ewig weit zieht sich die Côte d´Argent, die Silberküste. Stundenlange Spaziergänge erfreuen mein Herz. Zwischendurch nackt in die wilden Wellen des Atlantiks hüpfen. Das anschließende britzelnde Gefühl ist unbezahlbar. Ich finde tolle Muscheln und sehr exklusive große Meerglasstücke.

Der wunderbare Tag wird durch einen zarten Sonnenuntergang in rosa und orangen Farbtönen gekrönt. Zum Abendessen gibt es eine meiner Lieblingsspeisen: Käsepfannkuchen mit Gurkensalat.

Ich bin im Einklang mit mir. Dieser Tag ist für mich eine Referenz für den „so soll es sich häufiger anfühlen Tag".

Auf Sand gesetzt
#806 am 15./16. Mai 2022 – Saint-Denis-d´Oléron

Rückwärts und mit ordentlich Schwung fahre ich durch das Sandbett hinauf auf die kleine Rasenfläche, die einigermaßen festen Untergrund verspricht. Das Befahren dieser Stellplätze erfolgt auf eigene Gefahr. Ich muss diese „Gefahr" eingehen, denn dort gibt es halt den wunderbaren Ausblick auf den Atlantik. Ein bisschen sehr mulmig ist mir schon zumute. Deshalb auch rückwärts. Ich hoffe, dass ich den Freiraumbus dann bei der Abreise vorwärts runter rollend entspannt wieder auf festen Grund werde setzen können.

On va voir. Wir werden sehen.

Jedenfalls ist der Platz das Risiko wert. Gleich habe ich ein Coaching-Telefonat und mit dem genialen Blick arbeite ich doch gleich doppelt so gut. Während ich mit meinem Klienten den Freiräumen in dessen Leben nachspüre, erkundet mein Mann die Insel mit dem Fahrrad.

Ich liebe es wirklich sehr, dass ich mein Business so umgestrickt habe, dass ich unterwegs arbeiten kann. Sagen wir mal so, zumindest da, wo mein Handyempfang stimmt.

Hier passt das Netz auf jeden Fall. In den nächsten Tagen werde ich die Themen dieses feinen Gesprächs in der Essenz-Zeichnung visuell auf den Punkt bringen. Ich schätze es sehr, dass mir Menschen ihre Herzensthemen anvertrauen. Dass ich meine Gedanken dazu am Strand beim Spaziergang lüften kann, das ist auch ein großes Geschenk und das Ersteigen des Leuchtturms Phare de Chassiron hier auf der Île de Ré mit seinem genialen Weitblick inspiriert mich zusätzlich.

Tankdeckel
#810 am 19./20. Mai 2022 – Île de Ré

Weg! Einfach weg! Dort, wo er sonst sitzt, da ist ein Loch. Der Tankdeckel vom Frischwassertank fehlt. Haben wir den vergessen, als wir das letzte Mal Wasser nachgefüllt haben? Oder etwa liegen gelassen? Kann so ein Deckel verloren gehen? Ich habe keine Ahnung!

Die Stimmung ist schlagartig unentspannt. Kein Wunder, mit einem offenen Frischwassertank durch die Gegend zu fahren, das ist, denke ich, keine gute Idee. Ich male mir aus, dass der Wassertank durch Fremdeinwirkung kontaminiert wird. Jemand schüttet was hinein oder so. Unnötiges und völlig überflüssiges Kopfkino kann ich. Allerdings ist mir auch klar, dass hier so mitten auf der Insel kein neuer Tankdeckel herbeifliegt. Was also tun?

Den schönen Tag auf der Insel kann ich erst dann wieder genießen, als mir die Idee mit dem Deckel vom Marmeladenglas kommt. Das Provisorium umschließt perfekt die Einfüllöffnung vom Wassertank. Es wird mit dem zur Grundausstattung eines jeden Wohnmobils gehörenden Klebeband fixiert.

Was heißt eigentlich Tankdeckel auf Französisch?
Wo gibt es den nächsten Campingausstatter?

Der nächste Ausstatter ist erst in La Rochelle. Dort fahren wir am Abend eh vorbei. Meine Internetrecherche ergibt, dass Tankdeckel „Bouchon de réservoir d´eau" auf Französisch heißt. Zum Glück ist so ein Tankdeckel ein Standardteil, das die im Laden vorrätig haben und uns gleich auch noch erklären, dass das vorkommt, dass so ein Deckel während der Fahrt einfach mal raus hüpft.

Jetzt habe ich wieder Kopfkino und sehe meinen Tankdeckel, der genug vom Freiraumbus hat, sein Ränzlein
schnürt und nun am Straßenrand hüpfend seines Weges
zieht.

Geburtstag
#817 am 26./27. Mai 2022 – Île de Noirmoutier

Meine universelle Bestellung ist erfolgreich. Zum Geburtstag bekomme ich den Stellplatz in der ersten Reihe mit
Ausblick auf den Atlantik geschenkt. Es gibt nur zwei freie
Plätze und einer davon ist klein, fein und wie für den Freiraumbus gemacht.

Ich genieße meinen Geburtstag mit schönen Telefona-
ten, Social-Media-Gratulationen und Kaffee mit Ausblick.
Eine Dusche nach längerer Zeit rundet mein Wohlbefin-
den ab. Wie heißt es so schön: „Sammle Erinnerungen für
deine Lebensschatztruhe!"

Ich brauche keine Austern in einem luxuriösen Restaurant. Zucchini-Nudeln garniert mit einem goldenen Sonnenuntergang erfüllen an diesem besonderen Tag mein
Herz und machen mich sehr glücklich.

Live im Regen
#826 am 5./6. Juni 2022 – Loc´h Louriec – Concarneau

Mit dem Handy in der Hand, so im Selfiemodus sitze ich
im Straßengraben. Die Fahrer der vorbeifahrenden Autos
wundern sich. Was macht die da? Sehr seltsam …

Ausgerechnet heute ist das Netz schlecht. Das passt mir gar nicht, denn ich habe jetzt mein sonntägliches Live via Facebook in meinem Freiraumfrau-Club.

Meine Clubfrauen müssen sehr lachen, als ich da mit voller Regenmontur im Straßengraben sitze. Doch im Nugget habe ich heute leider so überhaupt gar keine Verbindung. „Merde alors!", wie die Franzosen sagen würden.

Immerhin kommt mir dann die geniale Idee mit dem Handy in der Hand an den Strand zu gehen, der nur ein paar Schritte entfernt liegt. Nass bin ich ja sowieso.

So kommt es, dass ich meine Arbeit erst im Straßengraben und dann am Strand erledige. Dafür kann ich dort dann die Kamera umdrehen und meinen Clubfrauen den herrlichen Ausblick zeigen. So ist das, wenn ich auf Reisen Arbeiten und Leben verwebe.

Ach ja, an diesem besonderen Tag sind wir morgens noch in Concarneau den Spuren von Kommissar Dupin gefolgt. Da war uns der Wettergott noch gewogen gewesen und die Sonne hatte geschienen.

Drei-Leuchtturm-Tag
#834 am 12./13. Juni 2022 – rund um Saint-Mathieu

Ich sammle Leuchttürme wie andere Menschen Schuhe oder Briefmarken.

Stellvertretend für die vielen Leuchttürme, die ich auf dieser Reise sehe, stehen die drei, die ich auf der „Route der Leuchttürme" an nur einem Tag sehe.

Kurz hinter Brest ist das der Phare du Petit Minou, den wir über eine kleine Brücke erreichen. Danach folgt als Highlight dieses Tages – übrigens wieder mal bei strahlend blauem Himmel und Sonnenschein – der wunderbare Leuchtturm Saint-Mathieu. Er ist zauberschön, so, wie ich Leuchttürme immer zeichne. Weiß mit roter Haube. Von oben sieht man bis in die Bucht von Brest. Der Leuchtturm ist zudem spektakulär gelegen an einer Felskante und direkt neben den Ruinen der Abteikirche Saint-Mathieu.

Zum Abschluss dieses besonderen Leuchtturm-Tages stehen wir noch vor dem Phare de Kermorvan, der auf einer kleinen Halbinsel liegt.

Lyrische Gedanken bei Ebbe
#840 am 19./20. Juni 2022 – Locquirec

Das Wasser ist weg.
Das (Lebens-)Schiff sitzt auf dem Trockenen.
Wie sieht dieser Grund aus?
Ich kann mein Boot von unten inspizieren.
Ist der Bug noch heil?
Was gilt es zu reparieren?

Kannst du die Qualität dieser Situation erkennen?
Dich im Vertrauen üben, dass das Wasser zurück kommt?
Dein Lebensboot kann dann weiterfahren.
Das Leben ist wie Ebbe und Flut.

Ebbe und Flut sind wie Licht und Schatten.
Die zwei Seiten einer Medaille, deiner Lebensmedaille.

Du entscheidest!

Beklagst du den Mangel,
gerade jetzt nicht schwimmen gehen zu können
oder richtest du den Fokus auf das Erkunden
des Grundes?
Freust dich über Muschelschätze und Meerglas?

Meine Antwort: Ich wandle am Meeresgrund,
der aus vielen kleinen Blubberbläschen spricht.
Menschen buddeln essbare Muscheln aus.
Ich spüre der Stimmung nach, sauge die Meerluft ein.
Finde sogar die Schale einer Jakobsmuschel.
Chacun à son goût. Jede:n nährt etwas anderes.
Gedankenerfüllt kehre ich zurück.
Schwimmen gehe ich, wenn das Wasser wieder da ist!
Die Flut kommt ohne mein Zutun.
Yin und Yang.
Ebbe und Flut.
Auf und ab.
Trauer und Freude.
Licht und Schatten.
Ich bin im Frieden mit diesem (Er-)Leben.

Küstenliebe
zwei weitere Wochen im Juni 2022 – Bretagne

Die Bretagne ist ein Traum für Wohnmobilisten. Es gibt viele schöne, zum Teil auch kostenfreie Plätze. Jedes Küstenstück hat seinen ganz eigenen Reiz. Die alle zu beschreiben, damit könnte ich einen ganzen Reiseführer füllen.

In vielen kleinen Etappen nähert sich der Freiraumbus nun dem Schlusspunkt und Highlight dieser Reise, der Besichtigung des Abteibergs Mont-Saint-Michel.

Gebaute Spiritualität
#849 am 27./28. Juni 2022 – Mont-Saint-Michel

Faszinierende Ausblicke und eine spektakuläre Architektur erwarten uns. Mit nur ganz wenigen Touristen ist der Ort ein Traum und der absolute Höhepunkt unserer Reise. Malerisch in blaues Licht gehüllt, liegt Mont-Saint-Michel an diesem frühen Morgen vor uns. Der Blick könnte aus einem Hochglanzprospekt stammen, so perfekt. Das Gegenteil von dem, was wir vorher recherchiert haben, erwartet uns.

Ultrafrüh für unsere Verhältnisse fahren wir mit den Rädern vom weit entfernten Übernachtungsplatz los. Kilometerweise nähern wir uns dem Abteiberg. Es ist mystisch, wie er immer größer wird, je näher wir kommen. Wir sind so früh dran, dass sogar noch zwei der raren Fahrradparkplätze frei sind und so früh, dass wir die Allerersten sind, die dann die Abtei besichtigen.

Sie ist ein architektonisches Meisterwerk! In bienenartiger Waben-Manier sind die Bauteile aufeinander und aneinander gebaut und miteinander verbunden. Es ist ein Geschenk in aller Frühe, mit wenigen Menschen diesen besonderen Ort erkunden zu dürfen.

Gegen Mittag wird es touristisch voll. Das ist der richtige Zeitpunkt, um umzukehren. In doppeltem Sinne: Wir verlassen Mont-Saint-Michel und treten auch unsere Heimreise nach München an. Au revoir Atlantik!

Einmal quer durch Frankreich fahren wir in vielen kleinen Etappen wieder Richtung Heimat. Wir sind sehr dankbar für diese besondere Reise mit ihren vielen unvergesslichen Eindrücken.

Dazwischen
August 2022 – Surfcenter Wustrow

Ich habe Sehnsucht nach meinem Lieblingsstrand und deshalb fahre ich – nach einem kleinen Abstecher zu meinen Eltern – tatsächlich hin. Zwei Wochen bleibe ich, schwelge in Erinnerungen an meinen Sommer 2021 im Surfcenter und genieße das entspannte Strandleben.

Atlantikküste Teil 2:

Wir wollen die Küste beginnend bei Bordeaux weiter über Baskenland und Asturien bis nach Galizien erkunden.

Tank-Odyssee
#880 am 9./10. Oktober 2022 – Paray le Monial

Lange Schlangen an der ersten Tankstelle hinter der französischen Grenze machen uns stutzig. Die Erklärung der ebenfalls Wartenden ist sehr unerfreulich. In Frankreich streiken fünf der acht großen Rattinerien und viele Tankstellen werden gerade nicht beliefert.

Vielleicht haben wir an einer der anderen Tankstellen in der Stadt Glück? Das ist eine sehr naive Idee, die zu einer kleinen Stadtrundfahrt und dann einer Landpartie zurück nach Deutschland führt. Mit dem letzten Tropfen Diesel erreichen wir eine deutsche Tankstelle. Das hätten wir auch einfacher haben können. Das erste Stück Richtung Atlantik können wir nun fahren. Bis Paray le Monial kommen wir mit der Tankfüllung an diesem Abend. Der

Gedanke, dass sich morgen früh alle im Berufsverkehr auf die hoffentlich wieder belieferten Tankstellen stürzen werden, der stresst mich sehr. Ich bin total angespannt. Wenn ich so drauf bin, dann wird das nichts mit Schlaf. Stattdessen surfe ich über französische Webseiten und finde eine der Regierung, die Tankstellen auflistet, die beliefert worden sind. Zwei davon gibt es hier vor Ort. Wir entscheiden, unser Glück zu versuchen und fahren zu nächtlicher Stunde noch mal los.

Die erste Tankstelle kostet ziemlich Nerven beim langen Warten in der Schlange der anstehenden Autos. Wir müssen mit Bedauern zusehen, wie die letzten Tropfen Sprit in die vor uns Stehenden gezapft werden. Doch an der nächsten Tankmöglichkeit haben wir Glück und können volltanken. Der ruhige Nachtschlaf und die Weiterfahrt sind nun endlich gesichert.

Merke:
1. Schau dir vorher die Nachrichten des Landes an, in das du reisen willst.
2. Lieber rechtzeitig teuer tanken, als auf dem Trockenen zu sitzen.
3. Vertraue darauf, dass sich alles fügen wird!

Klatschnass
#884 am 13./14. Oktober 2022 – Plage du Grand Crohot

Endlich am Atlantik! Den Stellplatz kennen wir schon von der letzten Tour. Es fühlt sich an wie heimkommen. Strand. Wellen. Weite. Freiraum. Freude! Ich traue mich das erste Mal die nervige Orthese abzulegen. Vor ein paar Wochen bin ich unglücklich umgeknickt und soll eigentlich das blöde Ding noch zwei Wochen tragen. Nur ein kleines bisschen möchte ich mit den Füßen ins Wasser und gehe dann weiter und weiter, weil es so schön ist.

Wie aus dem Nichts kommt die langgezogene, hüfthohe Welle, die mich fast mitreißt. Aber nur fast, weil mein Mann zum Glück hinter mir steht und mich stützt. Ich wäre sonst rückwärts umgekippt. So bleibe ich dank seiner Hilfe standhaft. Dafür sind wir beide nun hüfthoch klatschnass.

Wahnsinn, welche Kraft Atlantikwellen haben!

Zum Glück steckt mein Handy im Rucksack statt in der Hosentasche. In so einem Moment wird mir schmerzlich bewusst, wie viel vom Handy abhängt: Surfen, Navigation, Recherche, Hotspot, Arbeit, Kontakte, Fotos. Ziemlich viel hängt an einem funktionierenden Smartphone.

Jetzt lassen wir erst einmal die nassen Sachen in der Sonne trocknen. Zum Glück ist uns das Wetter hold. Es ist sonnig und warm, als wir da nackt am Strand sitzen. Bleibt festzustellen, dass wir heute ganz schön viel Glück haben.

Werkstattblick
#891 am 20./21. Oktober 2022 – Anglet

Das komische Geräusch scheint vom Reifen vorne links auszugehen. Nach kilometerlangem Fahren über geschotterte Landstraßen denke ich zuerst an „Steine im Profil". Eingefahrene Steine können so ein intensives Surren verursachen. Das wäre die einfachste Lösung. Doch das Geräusch bleibt leider auch nach sorgsamen Reinigen des Profils bestehen. „Was nun?", frage ich mich.

Mein Bauchgefühl vermeldet panisch, dass wohl eine Werkstatt nötig sei. Dank Google finde ich eine, die in der Nähe ist und nach meiner Einschätzung in Frage kommt.

Klingt so einfach, doch am Ende ist es nur eine Mischung aus Nachlesen und Gefühl. Und lieber hier in Anglet, wo mir mein mickriges Schulfranzösisch weiterhilft, als dann später in Spanien. Denn Spanisch kann ich nicht.

Der Werkstatt-Meister ist eindeutig in seiner Diagnose: „Roulement de roue!", was so viel wie Radlager bedeutet. Dass er keine Wohnmobile repariert, das kann ich ihm gleich ausreden.

Das Angebot für den Austausch ist fair. Wir sollen morgen wieder kommen, bis dahin ist das Ersatzteil da. Das bedeutet, der Freiraumbus muss in die Werkstatt und wir sind derweil obdachlos. So fühlt es sich zumindest an. Wir packen also am nächsten Morgen die Wertsachen zusammen und fahren mit den Rädern an den Strand. Die nette Rezeptionistin, die auch noch Angélique heißt, meint, sie meldet sich, wenn der Nugget fertig ist. Doch dann passiert nichts. Kein Anruf, nichts. In meinem Kopfkino laufen die absurdesten Filme und ich bin grundlegend verspannt.

Irgendwann beschließen wir, zurückzufahren und hören dann, sie hätten das falsche Radlager bestellt oder bekommen oder auf das Angebot geschrieben. So genau habe ich das vor lauter Aufregung nicht verstanden.

Neues Angebot, wir einigen uns und teilen uns die entstehenden Mehrkosten. Das neue Radlager kommt wahrscheinlich morgen. Und jetzt? Immerhin bin ich so mutig, zu fragen, ob wir vor der Werkstatt übernachten dürfen.

Weil, dann wären wir ja auch morgens ganz früh vor Ort. Das sei in Ordnung und das machen wir dann auch so. Uns erwartet eine sehr ruhige Nacht vor dem Werkstatt-tor.

Gut, dass ich am Morgen sehe, wie der Ersatzteillieferant die Schachtel mit „meinem" Radlager einfach ohne Be-scheid zu geben in den Werkstatteingang stellt. So kann ich den Chef gleich informieren, denn der meint, er müsse noch auf das Radlager warten.
Andere Länder, andere Werkstattgebräuche.

Nochmals bleibt der Nugget zwecks Reparatur zurück. Diesmal dauert es nur zwei Stunden bis die erlösende SMS eintrifft: „Le véhicule est prêt!" – FERTIG!

Heimat
Nachdenklich auf dem Weg nach Spanien

Meine geliebte rollende Heimat in der Werkstatt zu wis-sen, das hat mich viel Energie gekostet. Die temporäre Obdachlosigkeit lässt mich über die Frage nachdenken, was Heimat für mich bedeutet?

Heimat, das bin ich. Wenn ich in mir ruhe. Wenn die Ba-lance zwischen Reizen im Außen und meinen Themen im Innen stimmt. Es ist egal, wo ich bin, ich habe mich immer dabei.

Heimat, das ist meine Arbeit, die mit mir unterwegs ist. Von überall dort arbeiten zu können, wo ich genügend Internet habe, diese Freiheit habe ich mir in den zurück-liegenden Jahren erarbeitet.

Heimat, das ist der Freiraumbus. Er ist mein rollendes Schneckenhaus. Mein Kaffee, mein Kopfkissen, mein Bettchen und auch mein Essen. Essen, selbst gekocht, das mir schmeckt. Selbst kochen spart viel Geld auf Reisen.

Meine Heimat dabei zu haben, das ist für mich das größte Geschenk. Ich habe jederzeit die Wahl. Kann woanders hinfahren. Okay, nicht, wenn ich hinter der Schranke eines Campingplatzes stehe. Ein Grund, weshalb ich das ungern mache. Daheim sein und doch unter Freunden, so steht das auch in meiner Comicbiografie. Die Dauer meines Besuches bestimme ich. Ich bin unabhängig von Gästezimmern oder Hotel-Eincheck-Zeiten. Selbst bei meinen Eltern übernachte ich im Freiraumbus. Das schafft Ruhe nach einem Tag voller Austausch. Schließlich wohnen wir weit voneinander entfernt und nur mal kurz für einen Kaffee vorbei schauen, das geht bei uns nicht.

Im Freiraumbus bin ich die bessere Version meiner selbst. Ich esse gesund, trinke ausreichend Wasser, bewege mich und darf oft aufs Meer schauen. Ich folge dem Tag-Nacht-Rhythmus. Ich lebe minimalistisch und finde das prima. Gut, dass mein Schneckenhaus nun wieder heil ist.

Guggenheim Museum
#898 am 27./28. Oktober 2022 – Bilbao

Skulptural geformte Architektur mit spannenden Blickachsen zwischen innen und außen. Exponate, die mit Räumen Verbindung aufnehmen und umgekehrt. Das Guggenheim-Museum von Frank Gehry steht lange schon auf meiner Löffelliste und ist faszinierend. Dafür wage ich mich auch gerne mal wieder in eine Stadt.

Ansonsten reizen uns Städte im Moment überhaupt nicht. Zum ersten und einzigen Mal dieser Reise benutzen wir ein öffentliches Verkehrsmittel. Denn der Freiraumbus steht sicher auf dem dortigen Wohnmobilstellplatz, da die Einbruchsrate in Wohnmobile in Bilbao laut Recherche hoch ist. Der Blick auf die unter uns liegende, glitzernde Stadt am Abend nach der Rückkehr ist unbezahlbar schön.

Seelenwärmer-Tag
#900 am 29./30. Oktober 2022 – Dunas de Liencres

Nackt in die Wellen des Atlantiks tauchen zu können, das ist für mich immer wieder aufs Neue ein Geschenk.

Hier in diesem Nationalpark gibt es eine kleine, geschützte Bucht, in der ein Nacktbadestrand liegt. Das Wasser ist Ende Oktober noch angenehm warm. Ich schätze mal, der Atlantik hat so um die vierzehn Grad. Für mich ist das warm, denn ich bin ja bekennende Eisbaderin im Winter und schwimme auch in drei Grad kaltem Wasser.

Der Weg zu dieser schönen Bucht führt uns immer an der Küste entlang. Zwischendurch sitzen wir einfach nur da und beobachten die Surfer, die geduldig im Wasser auf die schönsten Wellen warten und sie dann elegant entlang surfen.

Zum Abschluss dieses schönen Tages kochen wir noch lecker und blicken beim Abendessen aufs Meer. Ein wundervoller, die Seele wärmender Tag geht zu Ende, ein schönes Geschenk zur Feier der neunhundertsten Nacht im Freiraumbus. So liebe ich das.

Leuchtturmschatten
#905 am 3./4. November 2022 – Faro de Cabo Peñas

Mit Händen und Füßen gestikulierend versuche ich den Polizisten zu fragen, ob wir hier im Freiraumbus neben dem Leuchtturm übernachten dürfen. Leider versteht er kein Englisch und ich spreche nicht Spanisch. Er zuckt mit den Schultern. So richtig eindeutig ist seine Antwort erst, als er die Hände in der „ich habe nichts gesehen Geste" vor seine Augen legt. Ich interpretiere das mutig als „ja"!

Das Leuchtturmlicht streift in regelmäßigen Runden knapp über die Dachluke. Das fühlt sich anstrengend an, wenn ich so vom Bettchen aus in den Nachthimmel schaue. Wahrscheinlich kommt meine Anstrengung auch daher, dass ich auf das nächtliche Anklopfen der Polizei warte. Doch nichts passiert, keiner klopft!

So ist das ganz oft auf Reisen. Es ist nie nur schön.

Kathedralen am Strand
#908 am 6./7. November 2022 – Praia das Catedrais

Frühmorgens, genau zum tiefsten Punkt der Ebbe sind wir an diesem majestätischen Strandstück, mit dickem Anorak, kurzer Hose und barfuß.

Welch spektakuläres Erlebnis!

Die Steinskulpturen sehen wirklich wie steinerne Räume aus. Sie werfen im Morgenlicht sensationelle Spiegelungen auf die flachen, glatten Wasserflächen. Wir trauen uns bis ans Ende dieser „Kathedralen" zu laufen. Ganz wichtig ist dabei der Blick auf die Uhr und auf die herein strömenden Wellen der beginnenden Flut. Zu dieser Jahreszeit öffnet sich zur Ebbe nämlich nur ein begrenztes, kleines Zeitfenster, an dem sich dieser Strand in seiner vollen Schönheit offenbart. Danach setzt die Flut wieder ein und es ist nicht mehr möglich, den Strand zu besichtigen.

Der nördlichste Punkt
#911 am 9./10. November 2022 – Faro Estaca de Bares

Auf unserer Route haben wir viele schön gelegene Leuchttürme angefahren. Dieser hier gehört zwar nicht zu den schönsten Exemplaren, dafür besticht er durch seine Lage. Er steht am nördlichsten Punkt von Spanien. Wir genießen den großartigen Weitblick auf den Atlantik. Da nun wirklich absolute Nebensaison ist, freuen wir uns über den leeren, ruhigen Parkplatz, auf dem wir dann auch die Nacht verbringen, um am nächsten Tag die wunderbare Aussicht gleich noch mal zu genießen.

Eiskalt
#915 am 13./14. November 2022 – Ferrol

Ganz dringend muss ich mal wieder meine Haare waschen. Die letzte Dusche an einem Strand liegt schon ein paar Tage zurück. Es ist Mitte November und nun ist auch das Wasser der Duschen an den Stränden abgestellt. Das bedeutet, ich muss mir etwas anderes überlegen. Wir stehen eh gerade auf einem Wohnmobilstellplatz und wollen den Wassertank auffüllen. Der Schlauch ist schon an den Auslass angeschlossen. Jetzt oder nie, denke ich und wasche mir mutig unter dem kalten Wasser die Haare. Komfortabel geht anders. Ich rubbel mir meine Haare trocken und finde diese Reise echt anspruchsvoll. Auf den einen oder anderen Campingplatz habe ich schon gehofft.

Trotzdem bin ich immer noch sehr glücklich, dass der Freiraumbus keinen Sanitärraum hat. Es ist unbezahlbar, dass er dadurch so kurz und wendig ist. So ist das, jeder Vorteil bringt meistens auch einen Nachteil mit sich.

Der Herkules
#917 am 15./16. November 2022 – A Coruña

Der Herkules ist der einzige Leuchtturm dieser Reise, auf den ich hochsteigen kann. Das macht natürlich nur Freude und Sinn, wenn das Wetter einigermaßen mitspielt.

Lange schüttet es heute wie aus Eimern, so dass wir die Zeit bis zur nächsten Regenlücke mit einem Besuch im Aquarium überbrücken. Dort stehen wir ganz dicht an den peitschenden Wellen des Atlantiks auf der Besucherplattform.

Dann meinen es Wettergöttin und Parkplatzgott doch noch gut mit uns. Wir organisieren Tickets und können diesen wirklich besonderen Leuchtturm besteigen. Er stammt noch aus römischen Zeiten und ist der älteste, in Betrieb befindliche Leuchtturm der Welt, der zudem zum UNESCO-Weltkulturerbe gehört.

Die Aussicht von oben auf die Stadt A Coruña und den sie umgebenden Atlantik ist wahrlich grandios.

Meerglasstrand
#919 am 17./18. November 2022 – Praia dos Cristais

Das Mitnehmen von Meerglas ist hier strengstens verboten. Eigentlich ist dieser kleine Strand das Vermächtnis einer Flaschenmülldeponie. Heute ist er ein wahres Eldorado für eine Meerglas-Liebhaberin, wie ich es eine bin.

Der Strand liegt in einer sehr kleinen Bucht. Mein Nugget hätte nur so zehn Mal darin Platz gefunden. Statt Sand bedecken hier abertausende Stückchen Meerglas den Boden. Die Sonne gönnt mir ein paar ihrer Strahlen und so kann ich den verzauberten Strand mit den glitzernden Steinen in einem Foto verewigen.

Am Ende der Welt
#920 am 18./19. November 2022 – Fisterra

Ganz allein steht der Freiraumbus auf dem Parkplatz an Kilometer null des Jakobswegs. Vor uns liegt der Atlantik, auf der anderen Seite ist Amerika. Wir freuen uns, dass wir es im Bus bis hierher geschafft haben. Es ist ein gutes Gefühl am Leuchtturm zu sitzen und aufs weite Meer zu schauen.

Ein Paar, das den Jakobsweg gewandert ist, pustet eine silberne Null auf und freut sich über seine Leistung.

Am liebsten würde ich an diesem Ort ganz lange sitzen bleiben, weil ich weiß, hier sind wir am Wendepunkt unserer Reise angekommen. Denn nun drehen wir um und fahren die ganze Strecke wieder zurück. Das fühlt sich zäh an und mich umfängt ein sehr wehmütiges Gefühl.

Ich werde lyrisch:

Angekommen.
Am Ende der Welt.
Atlantikblick.
Freiraumbus.
Den Horizont anpeilen.
Kaffee in der Hand.

Weitblick.
Sonnenschein.
Regenwolken dahinter.
Wetterwechsel.

Auf und Ab.
So wie im Leben.
Deshalb! Den Moment genießen.

Das Leben ist jetzt!
Ich habe nur das eine.

Rückfahrt
Ende November 2022 – Spanien – Frankreich

Wir entscheiden den Jakobsweg in umgekehrter Richtung zu fahren und verlassen die Küste. Santiago di Compostela erwartet uns mit strömendem Regen. Vielleicht ist das der Grund, weshalb mir der Ort wenig gibt oder es liegt daran, dass ich ihn mir nicht selbst erpilgert habe.

Die Kathedrale von Burgos hingegen ist ein goldenes, gotisches Highlight. Ich habe ja schon viele Kirchen in meinem Leben besichtigt, doch diese stellt alle anderen wahrlich in den Schatten: Sie besticht durch spektakuläre Kirchenarchitektur in vielen unterschiedlichen Facetten und Baustilen. Ich stehe und staune. Dank absoluter Nebensaison sind nur wenige Touristen vor Ort und ich kann den Kirchenraum in Ruhe genießen.

Es wird deutlich kälter auf der Rückfahrt. Die Tage werden immer kürzer und natürlich werden dafür die Nächte länger. Das habe ich unterschätzt, auch wenn ich das Gefühl schon von meiner Winterreise Anfang 2020 kenne. Wahrscheinlich habe ich nur die Erinnerung daran ausgeblendet.

Bei Tageslicht fahren und zudem Besichtigungen machen, das geht immer schwerer zusammen. Wir verbringen viel Zeit im kleinen Freiraumbus und vermissen schmerzlich persönliche Rückzugsmöglichkeiten. Hinzu kommt ein aufkeimendes Gesundheitsthema bei meinem Mann. Der Novemberblues erwischt uns doch noch volle Suppe auf den letzten Metern dieser intensiven Reisezeit.

Ein letztes Mal laufe ich in Anglet am Atlantikstrand. Dort, wo wir lange waren, als der Freiraumbus in der Werkstatt war. Ich sauge die letzten Wellenbilder in mein Herz und kann mich kaum abwenden, so weh tut der Abschied.

Dann fahren wir sehr lange Etappen quer durch Frankreich und Deutschland und kehren einen Tag vor dem ersten Advent nach sieben Wochen Reisezeit und fünftausendfünfhundert Kilometern nach München zurück.

2023 – Die Suche nach dem Seelenort

Wahlfreiheit
#931 am 26./27. Januar 2023 – Hof

Dezember und Januar waren aus gesundheitlichen Gründen anspruchsvoll. Ich brauche nun dringend Ostseeluft am Lieblingsstrand.

Leider hat die Anreise so ihre Tücken. Die Warnleuchte des Kraftstofffilters leuchtet auf. Es ist keine gute Idee, mit einem verstopften Filter weiter zu fahren. Deshalb lande ich spontan in der Werkstatt von dem Händler, bei dem ich 2014 meinen Nugget gekauft habe. Die haben den Freiraumbus sogar noch in ihrem System. Derweil mein Auto repariert wird, warte ich bei Kaffee und WLAN.

Abends bin ich unterwegs noch mit einem Menschen verabredet, den ich schon sehr lange kenne. Doch leider gibt es zu vorgerückter Stunde nur noch verhedderte Gesprächsfäden zu Themen, in die wir uns schon oft verstrickt haben. Diesmal ist es anders, weil ich seit über einem Jahr keinen Alkohol mehr trinke, im Gegensatz zu meinem Gastgeber. So kann ich, im wahrsten Sinne des Wortes nüchtern das völlig verfilzte Gespräch betrachten.

Ich trete innerlich neben mich und erkenne, dass ich dringend Abstand gewinnen muss. Ich stehe auf, verabschiede mich und steige in meinen Freiraumbus, der vor der Haustür parkt. Stolz über meine Klarheit und gleichzeitig total aufgewühlt fahre ich mitten in der Nacht von dannen und suche mir einen neuen Übernachtungsplatz.

Distanz-Zeit
#932 bis #961 im Februar und März 2023 – Deutschland

Die aktuelle Situation in München braucht meine Distanz. Leider gräbt auch die soeben erlebte Situation ordentlich an meiner Seele. Zwei Wochen verbringe ich in „meiner" Winterferienwohnung und zerlaufe die wilden Gedanken am Lieblingsstrand.

Danach fahre ich im Freiraumbus sieben Wochen lang kreuz und quer durch Deutschland. Ich werde erst dann nach München zurückkehren, wenn ich von meinem Mann das Signal dazu bekomme. Mit dieser Reise schenke ich ihm Zeit und Freiraum für seine Gesundung. In solchen Phasen ist eine Beziehung auf Distanz unsere beste Antwort. Das klingt jetzt sehr sachlich, ist aber das genaue Gegenteil: Hoch emotional.

Auf meiner Reise treffe ich viele wunderbare Menschen aus meinem Netzwerk. Ich bin so dankbar, dass ich bei ihnen willkommen bin.

Da ist die sehr feine, heilsame Reiki-Session bei Anja von der Konfettizone in Lübeck.

Dann sitze ich spontan einen Abend lang bei Jacqueline und Rainer im Cuxland bei tollen Gesprächen.

Ich besuche Judith in ihrem Clayhouse-Keramikstudio in Emsdetten. In Emsdetten wohnt auch Andrea, mit der ich den Tag verbringe und Waldbaden gehe.

Bei Christine in Duisburg bin ich zu Gast bei der Buchpremiere ihres zweiten Trauer-Buches und laufe dann am nächsten Tag mit ihr um die Regattastrecke.

Ein paar Tage später sitze ich lange bei meiner Schwipp-Cousine Anja im Laden und führe gute Gespräche.

Mit Nicole, die ich gerade in einem Online-Schreibkurs kennengelernt habe, treffe ich mich zu einem langen Spaziergang entlang der Ruhr.

Zwischendurch verbringe ich Zeit bei Mama und Papa.

Zum Ende der Reise schenkt mir meine langjährige Freundin Christel ihr offenes Ohr.

Mein Unterwegssein fühlt sich einerseits richtig gut an und andererseits empfinde ich es wie eine Flucht. Aus dieser inneren Zerrissenheit erwächst mein Wunsch nach einem Seelenort. Ein Ort, an den ich fahren kann, wenn ich Rückzug brauche. Mit dieser Suche werde ich mich im Sommer beschäftigen.

Jetzt kehre ich heim und nehme den Verbindungsfaden zu meinem Mann wieder auf.

Recherchereise Teil 1
Mai und Juni 2023 – Schleswig-Holstein

Mein Herz träumt von einem Ort am Meer, sozusagen als Gegenpol zu unserem Wohnsitz in München. Gemeinsam mit meinem Mann mache ich mich in diesem Sommer auf die Suche nach einem passenden Objekt. Keine Ahnung, wie die Immobiliensituation nach der Pandemie ist. Das können wir nur herausfinden, wenn wir vor Ort sind. Auf dieser Reise erkunden wir die Ostseeküste westlich von Lübeck bis hoch nach Heiligenhafen.

Einmal im Kreis
#973 am 28./29. Mai 2023 – Lübeck

Das Mayamännchen, mein geliebtes SUP-Board, ist letztes Jahr geplatzt. Zack, Riss, Luft raus und platsch lag ich im Wasser. Was für ein Schreck! Glück im Unglück, denn mein Mann war in der Nähe. Er rettete mich und wir paddelten, auf seinem Board sitzend, zurück.

Zum Geburtstag vor ein paar Tagen bekam ich ein neues Board geschenkt. Ob ich damit klar komme? Der Schreck vom letzten Jahr steckt mir noch in den Knochen. Ich habe Muffensausen. Doch die Sonne strahlt und die Wakenitz lockt. Die Testfahrt klappt! Dann können wir uns ja auf den rund um die Lübecker Altstadt verlaufenden Kanal wagen.

Gesagt, getan und dann paddeln wir tatsächlich einmal drum herum. Die Altstadtkulisse vom Board aus erkunden, wie cool ist das denn bitte?! Ich bin stolz wie Bolle, als ich dann auch noch bei meiner Freundin Anja und ihrem genialen Büro in der Marina anlege. Hach, so ein wundervoller Tag.

Wie sagt Anja immer:
„Einfach mal machen, könnte ja gut werden!"

Erkundungstour
Juni 2023 – zwischen Travemünde und Heiligenhafen

Gefühlt jeden Strand erkunden wir in diesem Juni. Denn der Strand entscheidet darüber, ob es sich lohnt, an dem jeweiligen Ort nach Immobilien zu schauen.

Das wichtigste Kriterium ist die Lage, die Lage und die Lage. Das Wort Immobilien ist übrigens bei unserer Suche sehr weit gefasst.

Da ist die Wohnung in Travemünde, bei der wir vor der Besichtigung in der Nähe übernachten, nachts beim Spaziergang um die Häuser Leute ansprechen und fragen, wie sie sich hier wohlfühlen.

Oder die Mobilheime, die wir uns anschauen. Die sind immer mit dem Pachtvertrag auf einem Campingplatz verknüpft. Es ist von schön bis gruselig alles dabei. Auch hier fragen wir Nachbarn und bekommen Auskunft. Schnell wird klar, dass wir das mit dem Pachtvertrag schlecht finden, weil wer weiß, was sich der Verpächter so alles ausdenkt. Damit ist das Thema dann abgehakt.

Ein Haus aus den siebziger Jahren besticht durch seinen Blick aus dem Dachfenster auf die Ostsee. Der Blick kann den Rest nicht rausreißen, denn der ist ein sanierungsbedürftiger Alptraum mit Elektroheizung, Fliesen aus dem letzten Jahrtausend und dunkel wie Sau. Das könnte ein Schmuckstück werden, doch wir haben keine Lust auf Sanierung.

Zum Schluss landen wir in Heiligenhafen in einem Beton-Koloss, den die Einheimischen ironisch „das Ghetto" nennen. Die zweitgrößte Eigentumsanlage in Deutschland (die größte ist das Olympiadorf in München) besteht aus tausend gleich großen Wohnungen, von denen einige zum Verkauf stehen. Die, die wir uns anschauen, haben einen schönen Blick auf die Ostsee mit Weitblick und Sonnenuntergang. Doch die Preisvorstellungen sind nach den Pandemie-Zeiten noch absurd hoch. Da kommen wir nicht zusammen.

Dann ist es ja auch mal wieder Zeit, in München nach dem Rechten zu sehen. Immerhin weiß ich nun, wo an diesem Küstenabschnitt die schönen Strände liegen.

Rückfahrt
#1000 am 23./24. Juni 2023 – Bad Berneck

Völlig unspektakulär, ohne Social-Media-Brimborium erlebe ich die tausendste Nacht in neun Jahren, drei Monaten und sechzehn Tagen im Freiraumbus. Einfach so.

Am Morgen danach freue ich mich und gleichzeitig denke ich, jetzt schreibe ich endlich die Geschichten aus dem Freiraumbus auf. Tausend ist eine schöne Zahl.

Doch dann hat mich der Alltag in München wieder und mein Vorsatz gerät in den Hintergrund.

Ehrentag
#1010 im August 2023 – Ruhrgebiet

Meine Mama bricht auf der Stelle in Tränen aus. Sie ist tief berührt, denn mein Papa steht mit liebevollem Blick vor ihr und überreicht ihr den Brautstrauß für den heutigen Ehrentag.

Ich darf an diesem intimen Moment dabei sein und das wiederum berührt mich sehr. Papa und ich haben heimlich ausgeheckt, dass der Strauß so nachgebaut wird, wie er auf den Fotos von der grünen Hochzeit zu sehen ist. Ich hole ihn im Blumenladen unseres Vertrauens ab und transportiere ihn ganz vorsichtig im Freiraumbus. Seit sechzig Jahren sind meine Eltern verheiratet. In guten wie in schlechten Zeiten, diesem Schwur sind sie treu geblieben. Es ist ein Geschenk, wenn man, so wie sie, so lange glücklich zusammen sein darf.

Ihre Diamantene Hochzeit feiern wir heute im Kreise der gesamten Familie mit Segnungsgottesdienst und nachfolgendem festlichen Abendessen.

Rechercherreise Teil 2
September 2023 – Mecklenburg-Vorpommern

Nun will ich doch noch die Immobiliensuche auf Mecklenburg-Vorpommern ausweiten.

Wir besuchen die Insel Poel, streifen durch Rerik, erkunden die Küste bei Kühlungsborn, übernachten mit Blick auf den Leuchtturm Bastorf, besichtigen eine Wohnung in der Nähe, flanieren über die Promenade von Kühlungsborn, besichtigen die Kirche von Bad Doberan, sehen der Aida in Warnemünde beim Auslaufen zu und stehen vor der sensationellen astronomischen Uhr in der Marienkirche von Rostock.

Dann zieht es mich weiter zum Lieblingsstrand und ins Surfcenter. Eigentlich sind wir so weit, das mit der Immobiliensuche zu lassen, als doch noch ein interessantes Objekt unseren Weg kreuzt. Das schauen wir uns intensiv an, gehen sogar schon in Verhandlungen. Doch irgendwie bleibt ein fader Beigeschmack, dem ich nicht auf die Spur komme. Zum Glück bestehe ich auf einem weiteren Besichtigungstermin.

Nein!
#1025 am 8./9. September 2023 – Wustrow

Verarschen kann ich mich alleine! Was für eine Makler-Masche! Die ganze Zeit habe ich ein seltsames Gefühl. Ich, die Innenarchitektin bekomme den Grundriss dieser Wohnung nicht zu fassen. Da ich bei der ersten Besichtigung ein paar Maße genommen habe, skizziere ich einen Grundriss. Nur passt der vorne und hinten nicht zusammen. Ich komme nicht auf die Quadratmeter, die im Exposé ausgewiesen sind. Die Folgebesichtigung mit detailliertem Ausmessen bringt zum Vorschein, dass die Wohnungsgrundfläche einfach so als Wohnfläche ausgewiesen worden ist. Da es sich bei dem Objekt um eine Dachgeschosswohnung handelt, fehlen hier mal eben satte fünfzehn Prozent in der Flächenberechnung.

Ich finde das dreist. Und in gleichen Moment ist mir klar: „Schluss, aus, Feierabend!" Wir beenden die Wohnungssuche hier und heute. Klarheit schafft Freiraum!

Der Freiraumbus, der hat die ganze Zeit gewusst, dass er ja mein rollendes Heim ist. Ich kann das auf einmal auch wieder sehen und würdigen: Die Mobilität, die Unabhängigkeit, die schönen Orte und das Unterwegssein. Noch eine Erkenntnis bringt dieser Tag: Ich miete mir einfach eine Ferienwohnung für den Winter, wenn es mir im Freiraumbus zu kalt ist. Und jetzt kommt das Allerbeste! Als all diese inneren Prozesse klar sind, meldet sich die wunderbare Uta und bietet mir „meine Ferienwohnung" wieder monatsweise für den nächsten Winter an.

Alles bleibt anders und alles fügt sich. Ich werde den Winter erneut am Lieblingsstrand verbringen und dort dann endlich mein Buch schreiben.

Schlüpperkrake
#1029 am 12./13. September 2023 – Wustrow

Meine Schlüpper sind aus oder vornehm gesprochen, die frische Unterwäsche neigt sich dem Ende zu. Kein Wunder, ich bin ja auch schon seit drei Wochen unterwegs. Ich sage übrigens ganz bewusst Schlüpper, denn ich verweigere Unterwäsche, die in der Pofalte zwickt. Ich habe einen ordentlichen Schlüppervorrat, der reicht für drei Wochen Reisezeit. Doch nun ist er aufgebraucht und heute ist Waschtag. Jeder Schlüpper wird einzeln ausgewaschen, liebevoll gewrungen und dann an die kleine, faltbare Wäschekrake geklemmt. Zum Trocknen kommt sie hinter die Windschutzscheibe an den Haken der Sonnenblende. Von dort schaut mich die kleine Wäschekrake mit treuherzigen Augen (hat sie wirklich) an. Genau in diesem Moment zischt das Wort Schlüpperkrake durch meinen Kopf. Ich muss so lachen und mache gleich ein Foto. Und klar, dass ich diese Wortkreation dann auch noch auf Social Media teile: #fürmehrRealitätaufInstagram. Ich freue mich über viele Likes und herzhaft Mitlachende.

Bewegende Begegnung
#1042 am 25./26. September 2023 – Kap Arkona

Ihr Posting über das selbstbestimmte Sterben ihrer Mama berührt mich in der Seele. Ich lese die Worte von Jana, die ich bisher ausschließlich über LinkedIn kenne. Für mich fühlt es sich seltsam an, unter ihrem Beitrag zu kondolieren. Deshalb greife ich zur digitalen Feder und verfasse einen Kondolenzbrief, den ich ihr als PDF per E-Mail schicke.

Gerade finde ich ihre Antwort in meinem digitalen Postfach. Sie bedankt sich für meine kreative Form der Kondolenz, erzählt, wie gut es tut, den Kopf in den Wind zu halten und schickt mir zum Schluss liebe Grüße vom Kap Arkona nach München.

Ich muss schmunzeln. Sie kann ebenso wenig ahnen, dass ich gerade auf Rügen unterwegs bin, wie ich ahnen kann, dass sie am Kap weilt. Also kläre ich das auf und erzähle, dass der Freiraumbus, mein Mann und ich gerade in der Nähe sind.

Ihr Verlust ist noch ganz frisch. Daher bin ich erwartungsoffen. Ob sie spontan sagt, kommt vorbei oder lieber ihre Ruhe mag, ich bin mit allem fein. Ihre Antwort-SMS trifft kurz danach ein: „So ein wunderbarer Zufall, melde dich gerne!"

Wenige Stunden später umarmen wir uns zur Begrüßung. Das fühlt sich an, als würden wir uns schon ewig kennen. Wie Freundinnen, die sich lange nicht gesehen haben. Es berührt mich sehr, wie tief wir tauchen, erzählen und anvertrauen in diesem feinen Gespräch. Das bewegt mich auf meinen Reisen wirklich sehr: Die Begegnung mit ganz wundervollen und besonderen Menschen.

Kriebelmücken
#1044 am 27./28. September 2023 – Wustrow

Kleine, fiese Dinger sind das, die Kriebelmücken. Sie stechen nicht, sie knabbern. An meinen barfüßigen Knöcheln laben sie sich inbrünstig, ohne dass ich das merke. Schließlich lausche ich gerade hingerissen dem Sonnen-

185

untergang, sauge das orange-rosa Farbspiel in mich auf. Ich bin zurück am Lieblingsstrand, nachdem ich meinen Mann nach Rostock zum Bahnhof gebracht habe. Ich freue mich auf Alleinseinzeit, Morgenschwimmen und lange Strandspaziergänge.

Stunden später verwehren mir die Nachwehen der Kriebelmückenattacke den Nachtschlaf. Die Stiche jucken wie Bolle und werfen Blasen. So hatte ich das noch nie. Nun brauche ich Geduld (meine Stärke #nicht) und eine kühlende Salbe. Es dauert fünf Tage, bis meine Knöchel wieder verheilt sind.

Sonnenuntergänge haben auch ihre Schattenseiten.

Abschiedsschwimmen
#1049 am 2./3. Oktober 2023 – Wustrow

Die Ostsee hat vielleicht noch 14 Grad. Es ist Zeit, mal wieder Abschied zu nehmen. Ein letztes Mal werfe ich mich in die Wellen und genieße die britzelnde Kälte. Eine vorbeilaufende Frau schenkt mir einen Daumen nach oben. Ein letzter Blick aufs Meer.

Die Saison im Surfcenter endet bald. Die vielen kleinen und großen Abschiede der letzten Tage stimmen mich wehmütig. Ich mag den Sommer noch nicht ziehen lassen.

Der Abschied vom Lieblingsstrand gelingt einigermaßen, weil ich weiß, dass ich im Winter wiederkomme.

Morgenstund, kein Gold im Mund
#1050 am 3./4.10.2023 – Lübeck

Sieben Uhr. Der Maserati verlässt direkt hinter dem Freiraumbus mit typisch röhrendem Sound die Einfahrt der Villa, vor der ich parke. Schlagartig bin ich hellwach. Dabei hätte ich dringend noch eine Mütze Schlaf gebraucht. Das Treffen mit Anja endete erst im Morgengrauen, so intensiv waren wir ins Gespräch vertieft.

Beim letzten Besuch begrüßte mich übrigens an gleicher Stelle und zur gleichen Uhrzeit der Müllwagen. Dank Kopfsteinpflaster spürte ich, wie er sich Tonne für Tonne meinem Standort näherte. Ich hätte also vorgewarnt sein müssen.

Nachdem der Maserati endlich von dannen geröhrt ist, parkt ein Gartenbau-Lkw auf der anderen Straßenseite. Nun wird Erde abgeladen und auf Schubkarren direkt hinter meinem Auto durchgerollt. Dazu ertönt als gepflegte Hintergrundmusik noch ein Laubbläser in der Nachbarschaft.

Der perfekte Start in den Tag sieht anders aus.

Es hilft nur, wenn ich schleunigst die Abfahrt antrete. Noch im Schlafanzug setze ich mich hinter das Steuer. Ausparken – wenden – nur weg hier! Auf dem nächsten Parkplatz ums Eck sortiere ich mich und mache mir erst einmal einen Kaffee. So ist das im Freiraumbus, manches Mal hat die Mobilität auch ihre Nachteile.

Immerhin bin ich nun früh wach und habe Zeit für eine ausgiebige Besichtigung von Lübeck.

Die Gasprüfung ist abgelaufen
#1051 am 4./5.10.2023 – Hamburg

Alle zwei Jahre braucht der Freiraumbus eine neue Gasprüfung. Schließlich ist in ihm ein Gasherd verbaut.

Ziemlich lange bin ich ziemlich sicher, dass der Fälligkeitstermin Oktober ist. Ich habe also noch entspannt Zeit. Vor ein paar Tagen – noch am Lieblingsstrand – checke ich das mal. Die Plakette klebt unter dem Nummernschild. Blöd nur, das da September steht. Sie ist abgelaufen!

Hätte ich ja auch früher mal nachschauen können. Im Prinzip kein Thema. Doch diesmal müssen Gasdruckregler und Schlauch erneuert werden. Das ist Pflicht zehn Jahre nach der Erstzulassung. Wo kriege ich die Ersatzteile her? Großartig, dass mir das am Montagnachmittag vor dem Tag der deutschen Einheit auffällt. Ich ärgere mich über mich selbst, vor allem, weil mich das stresst, wenn ich nicht korrekt bin. Alte Muster und so.

Doch was kann ich gerade tun außer Abwarten und einen Laden auftun, der die Teile hat? Noch wichtiger, zuerst herausfinden, welche Teile ich da brauche. Gut, dass es das Nuggetforum gibt. Ich lerne, da braucht es was Spezielles. Immerhin habe ich jetzt die Teileliste. Bis nach dem Feiertag kann ich sowieso nichts machen. Ich atme durch und verschiebe das Problem.

Nach meinem Besuch bei Anja will ich nun nach Hamburg. Meine Recherche hat ergeben, dass ein Campingausstatter auf dem Weg liegt. Da fahre ich jetzt vorbei. Ich habe Glück. Die Austauschteile sind auf Lager. Doch sicher ist sicher und ich checke gleich vor Ort noch, ob die auch mit denen in meinem Gaskasten zusammen passen. Es passt alles, ich habe die richtigen Teile erworben. Allerdings hat die Befestigung eine Schneidringverschraubung. Was bitte ist denn eine Schneidringverschraubung? Das Wort habe ich noch nie gehört. Ich frage im Laden, ob jemand mir bei der Montage helfen könne und kassiere leider eine Abfuhr.

Mir fällt ein Freund in Hamburg ein, der Erfahrung mit Wohnmobilen hat. Vielleicht erreiche ich ihn? Ich rufe an und habe doppelt Glück. Er ist zu Hause und ich darf vorbeikommen. Vierzig Minuten später stehe ich in Bergedorf und er baut die Teile ein. Mir fällt ein Stein vom Herzen. Jetzt fehlt nur noch die Gasprüfung. Am nächsten Tag telefoniere ich die Prüfstellen in Hamburg durch und finde eine, bei der ich ohne Termin vorbeikommen kann. Ich komme sofort dran. Keine halbe Stunde später ist alles erledigt. Prüfung bestanden! Die Schneidringverschraubung ist dicht. Das neue Gassiegel klebt.

Ich freue mich und überlege rückblickend, warum ich mir so einen unnötigen Stress gemacht habe? Ich darf weiter üben, dem Weg zu vertrauen und anstehende Probleme Schritt für Schritt zu lösen.

Erinnerung an mich: Merken für das nächste Mal!

Elbphilharmonie
#1054 am 7./8.10.2023 – Hamburg

Ich erfülle mir einen großen Wunsch. Schon lange will ich ein Konzert in der Elbphilharmonie erleben. Das steht auf meiner „Hundert-Dinge-für-2023-Liste". Dass ich eine Karte aus dem Rückgabepool ergattere, ist pure

Glückssache. So großartig, was alles in digitalen Zeiten möglich ist. Ich kann unkompliziert die Karte online kaufen und habe sie nun per QR-Code auf meinem Handy.

Das Philharmonische Staatsorchester Hamburg spielt unter der Leitung von Kent Nagano. Das Wetter spielt auch mit und zeigt sich von seiner strahlend blauen Seite. So kann ich in der Pause geniale Rundumblicke über Hamburg genießen. Ich bin total beseelt.

Damit ich heute Morgen entspannt zur Elbphilharmonie schlendern kann, war ich gestern Abend sehr mutig gewesen. Ich traute mich, in der Speicherstadt am Straßenrand zu übernachten. Die Nacht war „dank" lauter Straße sehr unruhig. Doch sonst war alles fein.

Merke:
Mutig sein hilft, Wünsche zu erfüllen. Denn das Leben ist jetzt und das großartige Konzert bleibt in meinem Herzen.

Tiefgang mit der Fährfrau
#1056 am 9./10. Oktober 2023 – Goch

Es ist so wundervoll, dass ich mit meinem rollenden Schneckenhaus zu Menschen hinfahren kann, die mir am Herzen liegen. Ich liebe es, in tiefe Gespräche einzutauchen. Stundenlang zusammenzusitzen und bei einem leckeren Essen über das reden, was gerade in unserem Leben Thema ist.

Heute bin ich bei Marlis, die ich privat wie beruflich kenne. Das Abendessen kreieren wir gemeinsam anhand meiner Kochkarten. Danach tauchen wir ein in feine

Gespräche. Spätnachts – und auch das liebe ich an meinem Freiraumbus – kann ich entspannt heimgehen und in meinem Bettchen schlafen. Denn das bei Menschen auf dem Schlafsofa oder im Gästezimmer übernachten, getoppt mit der Abstimmung, wer, wann, wie ins Bad möchte, das ist mir zu anstrengend und führt zur Überreizung. Und das ist schade für eine Freundschaft. Daher liebe ich meinen rollenden Rückzugsort. Ich kann ja am nächsten Morgen noch mal vorbeikommen.

So ist das auch bei Marlis. Ein Abend ist natürlich zu wenig und deshalb führen wir unseren Austausch beim Frühstück fort. Ich sage danke, liebe Marlis, für deine Zeit und dein Vertrauen. Schön, dass es dich in meinem Leben gibt!

Alles bleibt anders
#1061 am 15./16. Oktober 2023 – Allersberg

Die letzten Tage war ich bei meinen Eltern. Gerade fahre ich die erste Etappe Richtung München. Ich brauche noch einen Zwischenstopp und steuere Allersberg an. Dann bin ich schon kurz hinter Nürnberg und die elendig langen Baustellen auf der A3 liegen hinter mir.

Seit über dreißig Jahren fahre ich diese Autobahn und nie wird sie fertig. Diesmal ist es besonders schlimm, zu meinem Leidwesen noch getoppt von einem roten Lichtblitz aus der Leitplanke mitten in der Baustelle. Mein Blick auf den Tacho zeigt „knapp drüber". Vielleicht habe ich ja noch mal Glück gehabt? Auf jeden Fall liegen meine Nerven nun blank. Ich frage mich, ob ich heute Nacht wirklich so ganz alleine auf dem Parkplatz in Allersberg stehen mag? Zumindest habe ich den Stellplatz vom letzten Mal so in Erinnerung. Doch die Route ist im Navi eingegeben und ich habe keine Lust, nach einem anderen Stellplatz zu suchen.

Als ich in Allersberg ankomme, sind alle Stellplätze dicht an dicht zugeparkt. Ich kann den Freiraumbus gerade noch hinter ein Wohnmobil aus Hamburg quetschen und bin sehr froh, in Gesellschaft zu stehen.

Wieder einmal denke ich: „Alles bleibt anders." Der Satz steht auf der Postkarte, die seit Jahren im Freiraumbus klebt und mit mir reist.

Anfangs konnte ich ja mit dem Satz nichts anfangen. Heute weiß ich um seine wesentliche Botschaft. Der Wandel und die Veränderung bestimmen das Leben. Ich darf mich darauf einlassen und erwartungsoffen auf das zugehen, was ich gerade zugeteilt bekomme.

2024 – Zehn Jahre Freiraumbus

Alles bleibt anders
#1062 am 4./5. Januar 2024 – Wustrow

Mir fällt die Kinnlade runter, als ich mitten in der Nacht ins Surfcenter einbiege. In der Einfahrt steht ein nagelneuer Parkscheinautomat. Das kann doch nicht wahr sein! Echt jetzt? Wieder ein Ort, der sich verändert hat.

Ich übernachte heute nach der langen Fahrt im Surfcenter, dann kann ich morgen früh noch kurz an den Strand gehen, bevor ich danach in „meiner Winterferienwohnung" einchecke. Mit dieser Vorfreude durchfahre ich die letzten Kilometer. Und nun das!

Wie oft habe ich schon erlebt, dass Orte, die ich meinte, zu kennen und auf die ich mich freute, verändert waren? Leider oft genug.

„Alles bleibt anders!",
denke ich und gleichzeitig wird mir klar, dass das ein schöner Schlusssatz für mein Buch ist. Genau bei dieser Nacht, der Nummer #1062 setze ich den Punkt. Nun kann ich in den nächsten Wochen meine Geschichten aufschreiben.

Wer weiß? Vielleicht schreibe ich ja irgendwann die Fortsetzung der Geschichten aus dem Freiraumbus?

Weiterfahren werde ich auf jeden Fall.

Aufbrechen!

Aufbrechen bedeutet, den Anfang zu wagen.
Du wirst nie vorher wissen, wo du auskommst
oder was dich erwartet.
Selbst Orte, die vermeintlich bekannt sind, wandeln sich:
Durch Menschen, durchs Wetter
oder neue Verkehrsschilder.
Das Verlassen der Komfortzone ist nie nur ein einzelner
Schritt, sondern es sind viele,
die nacheinander den Weg ergeben.

Erst im Rückblick erkennst du, wie es wirklich war.
Denn eins weiß ich sicher nach 1062 Nächten:
Es lohnt, den Anfang zu wagen.
All die großen, kleinen, traurigen, mutigen, herrlichen
Geschichten hätte ich verpasst, wenn ich damals
meinen Traum begraben hätte.

Ich wünsche mir, dass meine Geschichten dich
inspirieren und dadurch Kreise ziehen werden.
Ich bin gespannt, wann du aufbrichst und wo du
ankommen wirst.

Trau dich und beginne mit dem ersten Schritt!

**„Das Leben wird vorwärts gelebt und
rückwärts verstanden!"**

– Søren Kierkegaard –

Sätze, die ich öfters höre:

Hast du keine Angst, so allein als Frau?

Meine absolute Lieblingsfrage, die ich nur von Männern gestellt bekomme. Das finde ich krass, wie die vermutete Angst damit gekoppelt wird, dass ich eine Frau bin.

Der Gesichtsausdruck bei meinem Gegenüber ist stets unbezahlbar, wenn ich antworte:

„Ich kann ja schlecht als Mann unterwegs sein!"

Natürlich habe ich zwischendurch Angst. Wenn ich zum Beispiel gerade dünnhäutig bin und mich meine Umgebung stresst. Oder wenn ich schlecht geschlafen habe und mit einer Panikattacke aufwache. Manchmal, weil mich die Reise an sich fordert. Aber nie habe oder hatte ich Angst, weil ich eine Frau bin.

Ich habe für mich entschieden, dass ich so viel Schönes verpasse, wenn ich diesem „Frauen haben Angst, wenn sie alleine unterwegs sind Mustern" zu viel Raum überlasse. Ich vertraue darauf, dass es für mich gut läuft.

Das könnte ich nicht!

Das ist ein Klassikerspruch und für mich ein absoluter Killersatz: Von sich auf andere schließen! Diese skurrile Mischung aus Ablehnung und Desinteresse ärgert mich sehr. Ich wünsche mir ehrliches Interesse im Sinne von: „Erzähl mal, was dich an dieser Form des Reisens so fasziniert!"

Andererseits ist es gut, dass es Menschen gibt, die „das nicht können". Sonst wären noch mehr Wohnmobile unterwegs und würden die schönen Plätze verstopfen.

Du bist ja nie da!

Diesen Satz schmettert mir eine mittlerweile Ex-Freundin vor die Füße. Warum? Sie lädt mich zum Geburtstag ein und ich sage ab. Der Termin liegt mitten in meiner Reisezeit und ich bin tatsächlich nicht da.

So weit, so gut. Was mich stört, ist dieser Unterton, der mitschwingt. Sie möchte entscheiden, wie ich mein Leben zu gestalten habe. Ich soll gefälligst da sein, wenn sie ihren Geburtstag feiert. Ich höre Neid, der unausgesprochen mitschwingt.

Ich mag keine großen Feiern. Schon gar nicht solche, bei denen die Gastgeberin vor lauter Gewusel im Vorfeld der Vorbereitungen dann blanke Nerven hat und wenn die Gäste kommen, nur „herumflattert". Ich liebe Gespräche in kleinem Rahmen, gerne auch nur im eins zu eins. Selbst wenn ich daheim gewesen wäre, hätte ich sehr wahrscheinlich abgesagt. Ganz früher wäre ich wahrscheinlich aus dem Gedanken heraus, dass man das so macht, ihrer Einladung gefolgt. Mittlerweile bin ich schlauer. Ich weiß, was ich mag und dass mein Leben zu kurz ist, um es mit Einladungen zu füllen, auf die ich keinen Bock habe.

Hast du auch einen festen Wohnsitz?

Hihi, da muss ich immer schmunzeln. Klar, ich erzähle auf Social Media und auf meinem Blog von meinen Reiseerlebnissen. Die Diskussion über banale Alltagsthemen spare ich da aus.

Von daher lautet die Antwort, ja ich habe einen festen Wohnsitz. Zudem bin ich seit mehr als drei Jahrzehnten verheiratet und habe zwei erwachsene Kinder.

Was ist mit Sex im Bus?

Die Antwort lautet: „Ja!"
Über Details hülle ich mich vornehm in Schweigen:-)

Zehn Tipps aus zehn Jahren

1. Dachluke schließen

Lieber riskiere ich, dass der Freiraumbus bei meiner Rückkehr eine Sauna ist, als dass ich ihn mit offener Dachluke stehen lasse. Für dich getestet am Eibsee. Die Geschichte liest du bei Nacht #88, am magischen Datum 8.8.2015. Seitdem gilt: Lieber schwitzen als putzen!

2. Rückwärts einparken

Klingt simpel, ist aber wahrlich erprobt. Parke deinen Bus, deinen Bulli oder dein Wohnmobil immer rückwärts ein, wenn du irgendwo parkst oder gar frei stehst. Warum? Weil sich die Parksituation dramatisch ändern kann in der Zeit, in der du unterwegs bist.

Ich denke da an den wunderbar stillen Waldparkplatz am Walchensee. Bei meiner Ankunft sind nur ein paar Autos vor Ort. Nach meinem Ausflug staune ich, wie dicht der Parkplatz sogar in der Mitte zugeparkt ist. Rückwärts ausparken würde nur mit Hilfe gehen. Nun verlasse ich mich beim Rangieren ungern auf Fremde, die mich raus winken.

Ich liebe meine Unabhängigkeit. Vorwärts raus fahren geht leichter, weil ich die Abstände besser einschätzen kann. Meist brauche ich nur ein bisschen hin und her rangieren und kann problemlos vom Parkplatz fahren.

3. Vertraue deinem Bauchgefühl

Du parkst irgendwo, steigst aus und denkst, das fühlt sich hier seltsam an? Vertraue deinem Instinkt! Fahre lieber weiter und suche dir einen neuen Platz! Es ist übrigens ziemlich egal, ob das jemand versteht. Wichtig ist, dass du dich wohl fühlst.

Wenn es sein muss, dann setze ich mich auch mitten in der Nacht im Schlafanzug hinters Steuer und ändere meinen Standort. Der Grund kann laute Musik sein oder dass ich auf einmal inmitten eines Treffens der Dorfjugend stehe. Ich hatte auch schon Parkplätze, die tagsüber nett waren und auf denen dann am Abend Schleuderkreise oder, wie man heutzutage sagt „Donuts" von durchgedrehten Fahrern mit getunten Autos gefahren wurden.

4. Die Welt ist besser, als du denkst

Keine einzige brenzlige Situation habe ich erlebt, seit ich im April 2014 meinen Freiraumbus abgeholt habe. Und mit brenzlig meine ich, dass ich angegriffen oder komisch angemacht worden wäre. Ein einziges Mal hat sich jemand an meinem Auto die Nase platt gedrückt und ist total erschrocken zurückgewichen, als er mich drinnen sitzen sah. Einmal stand die Polizei mit Blaulicht neben mir und klopfte an die Scheibe. Da stand ich nach zweiundzwanzig Uhr im Halteverbot auf einem Parkplatz in Hafennähe. Dummerweise hatte ich die Uhrzeit komplett aus den Augen verloren. Der Polizist bat mich höflich wegzufahren. Mehr war da nicht in zehn Jahren.

Trau dich, du verpasst sonst so viel Schönes!

5. Weniger ist mehr

Vom Eiswürfelbereiter bis zur Mikrowelle, es ist unglaublich, was so alles in Wohnmobilen mit auf Reisen geht. Ich persönlich finde, Wohnmobile sind gute Orte, um Minimalismus zu üben. Weniger Zeug, mehr Zeit!

Was brauchst du wirklich, um auf Reisen glücklich zu sein?

6. Sei mutig

Mut bedeutet für mich: MACHEN = eine Entscheidung treffen und TUN = dranbleiben. Ich hätte nie herausgefunden, wie sehr mir das Reisen in meinem rollenden Schneckenhaus gefällt, hätte ich damals meiner Angst die Entscheidung überlassen.

7. Die Technik kennen

Hier piepst und dort blinkt es. Das kommt vor. Dann folgt gerne der Spruch: „Frauen und Technik." Den kannst du durchwinken. Am besten, du kennst dich mit deinem Wohnmobil aus und lernst Schritt für Schritt, was du selber machen kannst und wobei du Hilfe brauchst.

Das Chemieklo (meines heißt „Schwappi") ausleeren, ist zwar manchmal unangenehm, doch ganz ehrlich: Windeln wechseln finde ich schlimmer.

Den Grauwassertank im Herbst zu reinigen macht auch wenig Freude, ist aber dringend notwendig. Bei meinem ist sonst im Frühjahr der Abfluss gerne verstopft. Die Verstopfung zu beseitigen, ist deutlich mehr Aufwand, als den Tank im Herbst zu reinigen.

Den Füllstand des Grauwassertanks behältst du besser im Auge, denn, wenn der randvoll ist, dann stinkt es. Das Ablassen ist simpel. Es braucht nur eine Ablassstelle, die es auf den meisten Wohnmobil- oder Campingplätzen gibt.

Meine Lieblings-App für Stellplätze ist Park4Night. Und wenn ich frei stehen will, dann checke ich die Lage von oben bei Google Maps im Satellitenmodus.

Die Zweitbatterie brauche ich für Kühlschrank, Diesel-Standheizung und zum Laden meiner Geräte wie Handy und Laptop. Ein regelmäßiger Blick auf den Spannungsregler ist hilfreich. Ich besitze mittlerweile ein mobiles Solarpaneel, das mir hilft, die Batterie zu laden. Das lege ich hinter die Windschutzscheibe auf das Armaturenbrett.

Regelmäßig den Reifendruck prüfen, ist ja auch bei einem normalen Pkw Pflicht. Mittlerweile habe ich so ein manuelles Prüfgerät im Nugget, denn alleine sind die Reifendruckmessgeräte manchmal schwer zu bedienen. Wenn die Anzeige stimmt, dann spare ich mir das Messen des Luftdrucks beim Tankstopp.

Frischwasser in den Wassertank zu füllen geht unkompliziert. Ich verwende ein kurzes Stück Gartenschlauch mit zwei verschiedenen Adaptern, je nachdem, welche Anschlüsse ich gerade vorfinde. Für Trinkwasser habe ich einen separaten Kanister. Ich trinke aus Prinzip kein Wasser aus dem Wassertank. Kleinere Mengen Wasser fülle ich mit dem Wasserkanister samt Einfüllstutzen nach. Extratipp: Wasserkanister kannst du gut auf Friedhöfen füllen.

Es ist leider nervig, wenn das Gas zu Ende geht. In meinem Nugget ist eine blaue Campingaz 907 verbaut und keine beige große Gasflasche, wie man die aus anderen Wohnmobilen kennt. In den südlichen Ländern gibt es dafür problemlos Austauschflaschen. In den skandinavischen Ländern ist diese Gassorte unbekannt. Deshalb rate ich dazu, vor der Reise lieber eine frisch gefüllte Gasflasche einzubauen. Leider gibt es auch keine Anzeige, wann das Gas zur Neige geht. Da behelfe ich mir mittlerweile mit einem weiterer Eintrag im Bustagebuch, wie oft ich gekocht habe. Wie das mit dem Austausch der Flasche geht, das musste ich am Anfang erst lernen.

Alle zwei Jahre ist die Gasprüfung. Ja, das hatte ich am Anfang meiner Reise auch nicht auf dem Schirm. Die Plakette gibt es bei TÜV und Dekra. Nach zehn Jahren müssen die Schläuche ausgetauscht werden (#1051). Ohne gültige Gas-Plakette kann es Stress auf Campingplätzen geben.

Mein Freiraumbus wird regelmäßig in der Werkstatt meines Vertrauens gecheckt. Leider gab es trotzdem die eine oder andere Überraschung.

8. Löffelliste anlegen

Auf einer Löffelliste steht all das, was du noch machen willst, bevor du den Löffel abgibst. Schreib einfach alles auf, was dir einfällt. Oder du machst es so wie ich, ich trage diese Liste in meinem Herzen.

Immer, wenn mir etwas davon über den Weg läuft, versuche ich das, wenn möglich, zu erfüllen.

9. Die Regelungen kennen und beachten

Ich denke immer wieder mutig, dass ich ja in Europa unterwegs bin. Nur um dann unterwegs festzustellen, dass ich mich besser vorher hätte schlaumachen dürfen. Da gibt es Emissionszonen wie in London (#215) oder die Crit-Air-Plakette für Frankreich. Die Straßenschilder sind unterschiedlich und auch die solltest du dir vorher anschauen. Im Linksverkehr zu fahren ist eine besondere Herausforderung, ebenso andere Maßeinheiten an Durchfahrten oder bei der Geschwindigkeit.

Hilfreich ist auch, vor der Abreise mal die Nachrichten im Nachbarland zu checken, sonst gerätst du vielleicht in einen Generalstreik der Raffinerien, wie mir das in Frankreich (#880) passiert ist.

Tanken geht oft anders oder hat eine andere Bezeichnung, deshalb hilft es, die Bezeichnung deines Sprits in der Landessprache zu kennen.

Dann gibt es noch so Zusatzsachen, auf die ich auch erst unterwegs gesloßen bin: Warntafeln für Fahrräder auf dem Fahrradständer. Die für Italien (#100) haben tatsächlich eine andere rot-weiße Streifung als die für Spanien.

Freistehen ist ein ganz spezielles Thema, zu dem ich mich lieber nicht äußere. Es gibt sehr viele unterschiedliche Regelungen. Am besten machst du dich selber schlau und entscheidest unterwegs, was du wagst und was nicht.

Wenn du frei stehst, dann pack unbedingt deinen Müll wieder ein und hinterlasse den Platz sauber. Nimm lieber noch Hinterlassenschaften der anderen mit. Ich kenne viele schöne Plätze, wie meinen geliebten

Nachtparkplatz am Sylvensteinspeicher, die leider mittlerweile wegen schlechten Benehmens mancher Wohnmobilisten stark reglementiert und kostenpflichtig oder noch
schlimmer durch Höhenbeschränkung unerreichbar geworden sind.

10. Körperpflege und Klamotten

Vor der ersten richtig langen Tour, das war die Silberhochzeitsreise (ab #286), hatte ich einen großen, unhandli-
chen Vorrat an Duschgel und Shampoo gekauft. Ich hatte keine Ahnung, wie viel ich brauchen würde und die
Vorstellung, unterwegs auf andere Produkte umsteigen
zu müssen, gefiel mir gar nicht. Nach dieser Reise habe
ich dann die verpackungsärmere und kleinere Haarseife
eingeführt, die ich gleichermaßen für Haare und Körper
verwende.

Die Umstellung war herausfordernd, denn meine Kopf-
haut brauchte Monate für die Gewöhnung. Ich nahm sogar anfangs die Seife mit zum Friseur, weil ich nach jedem Besuch dank dortiger Shampoos wieder „rückfällig"
wurde. Seitdem der Umstieg geglückt ist, sind sowohl
Kopf- als auch Körperhaut entspannt und brauchen wenig zusätzliche Pflegeprodukte.

Ich habe eine praktische Kurzhaarfrisur, die ich manchmal auch mit einem Tuch trage, wenn ich keine Möglichkeit zum Haare waschen unterwegs habe.

Ich schminke mich nur noch ab und an. Und wenn, dann
benutze ich nur Kajal für die Augen. Lippenstift verwende
ich gleichermaßen für Lippen und als Ersatz für Rouge.

Wenig Schminke zu verwenden, bedeutet wenig abschminken müssen am Abend.

Nagellack trage ich nur noch zu besonderen Anlässen.

Auch meine Kleidungsstücke haben sich über die Jahre verändert. Türkis und petrol sind meine Lieblingsfarben, in denen ich fast alle T-Shirts und Pullover besitze. So passen meine Sachen erstens zueinander und zweitens auch gemeinsam in die Waschmaschine. Ich schreibe das deshalb so ausführlich, weil ich wirklich viel Reisezeit gewonnen habe, seitdem ich minimalistischer unterwegs bin.

Probiere aus, was für dich hilfreich ist!

Danke und Links zum Weiterlesen

Namensnennung:

Alle in diesem Buch namentlich genannten Personen habe ich um ihren Segen zur Veröffentlichung gebeten und ihn auch erhalten. Das berührt mich sehr. Danke, dass ich euch mit Klarnamen nennen darf. Meine Geschichte mit verfremdeten Namen oder Situationen zu erzählen, das hätte sich für mich sehr seltsam angefühlt.

Ein Herzensdank geht auch an all diejenigen, denen ich unterwegs begegnen durfte und die nicht im Buch genannt sind. Es war mir eine Freude, euch zu treffen. Danke für feine Gespräche, gute Impulse, leckeres Essen, Parkplätze in Einfahrten und das eine oder andere „Duschasyl".

Weiterlesen im Blog:

Im Buch habe ich an einigen Stellen ein Sternchen* gesetzt. Damit du auf einfachem Wege von den gekennzeichneten Stellen zu den richtigen Links findest, gibt es auf **www.freiraumfrau.de/buch/** dazu eine Liste.

Ich freue mich sehr, wenn du rüber auf meinem Blog hüpfst, dort stöberst und weiterlesen magst.

Über die Freiraumfrau®

Angelika Bungert-Stüttgen ist Künstlerin, Innenarchitektin und Coach. Ihr Herzensanliegen ist es, Menschen dabei zu unterstützen, mehr Freiraum in ihrem Leben zu verankern. Für die einen ist es einfach mehr Platz, für die anderen ist es ein Gefühl des Wandels, der Veränderung.

Ihre Vision von Freiraum ist auch der Grund für ihre Marke. Seit 2010 kennt man sie als die Freiraumfrau®.

In ihren Coachings kitzelt sie mit ihren Klient:innen die Freiraum-Nuggets heraus, die erst im siebenundzwanzigsten Nebensatz auftauchen und glitzern. Genau mit diesen kreiert sie im Anschluss an das Gespräch die, wie sie sagt, „Essenz-Zeichnung". Ihre Zeichnungen sind Kunstwerke, die exklusiv für die Menschen entstehen, die ihr ihre Herzensthemen anvertrauen.

Du erreichst die Autorin unter
www.freiraumfrau.de